2020年度辽宁省社会科学规划基金项目：辽宁省营商环境对地方政府债务融资的影响研究，L20CGL001。

金融股权关联、会计稳健性与债务融资

Financial Equity Relevance, Accounting Conservatism and Debt Financing

孙莉儒　著

中国财经出版传媒集团
中国财政经济出版社

图书在版编目（CIP）数据

金融股权关联、会计稳健性与债务融资 / 孙莉儒著. —北京：中国财政经济出版社，2021.7
ISBN 978－7－5223－0574－5

Ⅰ.①金… Ⅱ.①孙… Ⅲ.①企业债务－企业融资－中国 Ⅳ.①F279.246

中国版本图书馆 CIP 数据核字（2021）第 109298 号

责任编辑：彭　波　　　　　责任印制：史大鹏
封面设计：卜建辰　　　　　责任校对：胡永立

中国财政经济出版社　出版

URL：http://www.cfeph.cn
E-mail：cfeph@cfeph.cn

（版权所有　翻印必究）

社址：北京市海淀区阜成路甲 28 号　邮政编码：100142
营销中心电话：010－88191522
天猫网店：中国财政经济出版社旗舰店
网址：https://zgczjjcbs.tmall.com
北京财经印刷厂印刷　各地新华书店经销
成品尺寸：170mm×240mm　16 开　12 印张　200 000 字
2021 年 7 月第 1 版　　2021 年 7 月北京第 1 次印刷
定价：68.00 元
ISBN 978－7－5223－0574－5
（图书出现印装问题，本社负责调换，电话：010－88190548）
本社质量投诉电话：010－88190744
打击盗版举报热线：010－88191661　QQ：2242791300

前　言

　　资金是企业生存和发展的命脉，正如"巧妇难为无米之炊"，而资金筹集是企业有效运用资金的基本前提。债务融资一直以来都是理论界与实务界共同探讨的核心问题，不仅直接影响企业的治理结构和投资决策，还间接影响资本市场的资源配置和运行发展。债务融资行为作为企业取得外部资源的重要财务决策，主要包括债务融资规模、债务融资成本和债务融资结构三个方面。通常情况下，西方财务理论隐含了债务同质性假说，此假设对于我国企业的债务融资研究并非适用。基于我国企业债务融资的具体情况，依据融资来源将债务融资分为银行贷款、公司债券和商业信用。其中，银行贷款是我国企业债务融资的最重要方式；相对银行贷款，公司债券在企业债务融资中所占比例较小，随着债券市场的不断发展，公司债券在企业债务融资中的作用日趋明显；作为经营性负债的商业信用为大多数企业提供了短期融资方式。

　　当前主流的企业融资理论沿袭新古典经济学"社会化不足"的研究范式，忽略了任何一个组织都是在社会结构中进行财务活动，即嵌入社会网络的经济行为必然受到关联关系等非正式制度潜移默化的影响。因此，社会关联的忽视必然导致企业债务融资理论的不完整。在我国新兴的转型市场中，由于市场机制不完善，大多数企业通过声誉、人际关系等替代机制缓解融资难的问题。随着产业资本的快速发展，金融关联冲破了实业和金融业的边界，是企业寻求和金融机构经营、财务等协同价值的战略行为。企业与金融机构的内在联系促使双方对彼此的经营实力和信誉状况等比较熟悉，这样金融股权关联成为企业一种条件宽松且灵活性强的外部债务融资途径。因此，越来越多的企业主动与金融机构建立关联关系。资本市场作为企业进行债务融资活动的主要场所，会计稳健性在资本市场中扮演着重要角色，通过引导价格的形成促进资源优化配置，夯实资本市场有效运转与发展的基础。后金融危机时代，频繁暴发的国内外重大财务舞弊案使外部投资者对会计稳健性高度重视。会计稳健性对收益和损失的非对称确认标准能够缓解由于信息不对称性带来的逆向选择和道德风险问题，有利于降低投资者的决策风险。契约观认为，稳健性原则是基于一种有效的契约机制产生的，其存在降低了企业契约的违约可能性，进而保护债权人的利益；治理观认为，会计稳健性作为一种有效治理机制可以抑制管理层的私利行为，有助于降低债权人等利益相关者的贷款风险。因此，在现代的经济运行体系中，会计稳健性在企业债务融资的财务活动中占据举足轻重的地位，会计稳健性对债务融资方面的经济后果显然受到广泛关注。立足于我国转型经济的制度环境与治理结构，构建一个由金融股权关联和会计稳健性共同影响的债务融资分析框架，在金融股权关联的作用下，会计稳健性对企业债务融资的作用将有何不同，即金融股权关联和会计稳健性在企业债务融资中两者存在何种关系。因此，探究金融股权关联、会计稳健性和债务融资的关系具有重要的理论价值和现实意义。

基于我国"新兴+转轨"时期的资本市场制度背景，分别梳理出金融关联和会计稳健性对债务融资的影响，以契约理论、信息不对称理论、委托—代理理论、信号传递理论和社会资本理论作为理论基础，从金融股权关联和会计稳健性的视角研究企业债务融资规模、债务融资成本和债务融资结构。运用规范研究和实证研究相结合的方法，依据"文献梳理——制度背景——机理分析——实证检验"的逻辑路径进行研究。本书得出以下主要研究结论：

（1）金融股权关联的资源效应和信息效应能够提高企业的债务融资水平，即金融股权关联程度越高，企业获得的债务融资规模越大和债务融资成本越低。不同性质的债权人在债权治理效果、获取资源和信息能力、防范信息风险等层面存在差异,对金融股权关联的关注程度和依赖程度也不同,因此,金融股权关联对债务融资结构的影响存在异质性,即金融股权关联对银行贷款、公司债券、商业信用规模和成本的影响程度逐渐递减。

(2) 会计稳健性的信息机制和治理机制能够提高企业的债务融资水平,即会计稳健性越强,企业获得的债务融资规模越大和债务融资成本越低。进一步地,相比非条件稳健性,条件稳健性的增强更有助于企业获得较大的债务融资规模和较低的债务融资成本。不同的债务融资方式对会计信息敏感度不同,会计稳健性对债务融资结构的影响存在异质性,即会计稳健性对公司债券、银行贷款、商业信用规模和成本的影响程度逐渐递减。

(3) 金融股权关联和会计稳健性以不同方式提高债务融资规模和降低债务融资成本,两者之间的动态性呈现出替代关系。金融股权关联通过发挥资源效应和信息效应,能够提高企业的债务融资水平,而会计稳健性通过发挥信号机制和治理机制也能够增加债务融资效率,即削弱融资过程中对金融股权关联的依赖程度。因此,金融股权关联与会计稳健性在债务融资中存在替代关系,即会计稳健性水平越高,金融股权关联与债务融资规模的正相关关系、债务融资成本的负相关关系越弱。

(4) 结合我国特殊的制度背景,产权性质是影响企业债务融资的重要因素。与非国有企业相比,国有企业更容易同金融机构建立股权关系,并且对会计稳健性的需求相对较少,则金融股权关联代替会计稳健性降低了债务融资成本。因此,与非国有企业相比,国有企业的金融股权关联与会计稳健性在债务融资中存在的替代关系更强。转型经济中波动的货币政策对企业的债务融资产生重大影响。在货币政策紧缩时,相比公司债券和商业信用,金融股权关联与会计稳健性在银行贷款中存在的替代关系更强。

借鉴现有的研究成果,本书的研究贡献与创新主要包括以下方面:

（1）补充金融股权关联对债务融资异质性的研究领域。已有文献关于金融股权关联与债务融资的关系集中在银行贷款方面，很少涉及金融股权关联对公司债券和商业信用的作用机理。本书通过区分企业债务融资结构，探讨金融股权关联对银行贷款、公司债券和商业信用的不同作用机制，从而补充了学术界关于企业债务融资异质性的研究话题，也丰富了非正式制度金融股权关联对企业债务融资的研究领域。

（2）深入研究会计稳健性对债务融资的影响差异。一方面，现有文献在探讨会计稳健性对债务融资影响时忽视了会计稳健性的分类，本书将会计稳健性具体分为条件稳健性和非条件稳健性，分别研究两类会计稳健性对债务融资的内在关系，阐述两者在理论分析和实证结果对债务融资影响的不同之处，从而弥补现有文献忽视会计稳健性分类的不足。另一方面，根据债务融资的来源不同，剖析会计稳健性对公司债券、银行贷款、商业信用规模和成本的影响异质性，给出会计稳健性对债务融资结构的新证据，进一步拓展了会计稳健性对债务融资的研究。

（3）以金融股权关联和会计稳健性的视角进行债务融资的研究，搭建起金融股权关联、会计稳健性与债务融资的理论框架，探究金融股权关联与会计稳健性在企业债务融资中的替代作用，提供了债务融资研究的新思路与新视角。基于我国的特殊国情，区分国有企业和非国有企业，研究金融股权关联与会计稳健性对债务融资替代作用的差异。结合货币政策的制度背景，考察金融股权关联与会计稳健性在债务融资结构中的替代作用，有助于理解经济政策条件下两者如何发挥融资的作用机理。

作者

2021 年 5 月

目 录

第1章　绪论 ··· 1
 1.1　选题背景与研究意义 ··· 1
 1.2　核心概念界定 ·· 6
 1.3　研究目标与研究内容 ·· 9
 1.4　研究框架与研究方法 ··· 11
 1.5　研究贡献与创新 ··· 14

第2章　文献综述 ·· 16
 2.1　债务融资 ··· 16
 2.2　金融关联对债务融资的影响 ··· 21
 2.3　会计稳健性对债务融资的影响 ······································· 28
 2.4　文献评述 ··· 37

第3章　制度背景 ·· 40
 3.1　我国上市公司债务融资特征 ··· 40
 3.2　金融体系改革与发展 ··· 47
 3.3　会计制度变迁对会计稳健性的要求 ··································· 59

第4章　理论基础 ·· 62
 4.1　契约理论与债务融资 ··· 62
 4.2　信息不对称理论与债务融资 ··· 65
 4.3　委托代理理论与债务融资 ··· 68
 4.4　信号传递理论与债务融资 ··· 71
 4.5　社会资本理论与债务融资 ··· 74
 4.6　研究主题与相关理论的机理分析 ····································· 78

第 5 章　金融股权关联对债务融资的影响 ········· 80
- 5.1　理论分析与研究假设 ········· 80
- 5.2　研究设计 ········· 86
- 5.3　实证分析 ········· 91
- 5.4　稳健性检验 ········· 97
- 5.5　本章小结 ········· 104

第 6 章　会计稳健性对债务融资的影响 ········· 105
- 6.1　理论分析与研究假设 ········· 105
- 6.2　研究设计 ········· 110
- 6.3　实证分析 ········· 115
- 6.4　稳健性检验 ········· 120
- 6.5　本章小结 ········· 126

第 7 章　金融股权关联与会计稳健性对债务融资的影响 ········· 127
- 7.1　理论分析与研究假设 ········· 127
- 7.2　研究设计 ········· 133
- 7.3　实证分析 ········· 136
- 7.4　稳健性检验 ········· 144
- 7.5　本章小结 ········· 151

第 8 章　结论与展望 ········· 153
- 8.1　研究结论 ········· 153
- 8.2　政策建议 ········· 156
- 8.3　研究局限与未来展望 ········· 160

参考文献 ········· 163
后记 ········· 182

第1章

绪　　论

1.1 选题背景与研究意义

1.1.1 选题背景

企业的债务融资是现代财务理论研究的核心问题。从宏观层面看,债务融资是资本市场发展和相关制度完善的重要基础,对资本市场规模扩大化和资源合理配置具有促进作用;从微观层面看,债务融资是影响企业治理结构和投资决策的关键因素,对公司战略目标的实现和业务开展具有引导作用。充足的经营资金是企业生产运转的基本保证,只有源源不断引入外部资本活水,才能润泽企业蓬勃发展。

企业取得外部资源的能力在财务决策中表现为债务融资行为,主要包括债务融资规模、债务融资成本和债务融资结构三个方面。债务融资规模体现出企业取得外部资源能力的强弱,债务融资规模越大代表在债务契约中企业谋求的金融资源越多;债务融资成本反映了企业获得外部资源所付出的代价,也代表了企业进行债务融资活动的能力,债务融资成本越小代表企业在债务契约中的谈判与执行等融资成本越少,这将直接影响企业的经营业绩和发展能力;债务融资结构表明企业进行债务融资活动时的可选择方式,根据债务来源不同将企业的债务融资主要分为银行贷款、公司债券和商业信用,优化债务融资结构对企业的经营决策以及资本市场的稳定发展具有不可替代的作用。

从目前我国大多数企业的状况来看,银行贷款是最主要的资金来源,但企业经常面临银行贷款不可获得以及苛刻贷款条件的融资约束问题。我国正处于经济转型与制度变迁中，以银行为主的金融行业改革对市场经济的发展产生重要影响。经过一系列金融业的体制改革，银行的商业化特点以及业务经营的自主性逐渐增强（白俊和连立帅，2012），同时银行贷款按照市场效率标准进行发放（Firth et al.，2009），有助于优化资金配置效率。鉴于目前我国的金融市场没有完全开放，金融资源稀缺以及信贷配给机制决定了银行的主导作用。

近年来，我国公司债券融资总体呈上升趋势，表明债券融资在企业的债务融资活动中越来越重要。在发达成熟的资本市场体系中，发行债券是企业长期融资的重要且普遍的方式，而我国的债券市场发展相对滞后。《金融业发展和改革"十二五"规划》指出，提高直接融资的比例来拓展债券市场，健全多层次的金融市场体系以及促进金融市场平衡发展。其中，公司债券尤为重要，增加公司债券融资在直接债务融资中的比例是债券市场发展的长期战略目标。随着我国经济的持续稳定增长，债券市场已经实现飞越式发展。截至 2016 年底，公司信用类债券余额大约 30 万亿元，市场规模居世界第三位。债券市场的蓬勃发展不但丰富了资本市场的金融产品，更为企业拓宽了债务融资的途径。

无论处于融资需求还是经营动机，商业信用都可作为银行贷款的短期替代融资方式（Petersen and Rajan，1997）。商业信用作为一种广泛运用的交易方式得到了许多学者的热烈讨论，学术界主要从价格歧视、减小交易成本和取得融资方面对商业信用做出剖析（Ferris，1981）。从本质上看，商业信用是双方交易过程中由于企业延期付款，供应商与企业形成的一种信贷关系。商业信用的可操作性与灵活性在一定程度上缓解了企业的融资约束问题。

国外有关研究认为金融与法制可以促进企业获取外部资金的支持，尤其是处于市场经济转型的国家，通过获得外部债务融资有助于私有经济持续健康发展（Cull and Xu，2005）。然而，Allen et al.（2005）研究发现，在金融市场不发达与法律保护不充分的情况下，我国经济仍然实现了飞速增长，同时表明关系机制和声誉机制发挥的重要作用弥补了我国不健全的制度环境。金融股权关联作为一种非正式制度，是关系机制和声誉机制的重要组成部分。随着我国市场经济的快速发展以及资本市场的逐渐成熟，政府鼓励实体企业参股金融机构，促使许多拥有雄厚资本的企业开始涉足金融行业。自 2004 年我国银行业开始进行股权多元化改革，上市公司参股银行建立股权关联关系，媒体称这种上市公司为"参股银行概念上市公司"并推崇"热点概念股"。2005年底，上市公司参股金融机构的数量为179家，占所有非金融类上市公司的比例为13.45%，截至2016年底，上市公司参股金融机构的比例达到26.06%。越来越多的企业通过与银行构建关联关系来缓解融资难题，随着我国金融市场的逐步放开，这种现象尤为普遍（张敏等，2012）。

资本市场建立和发展的首要目的是实现资源的合理配置，然而信息不对称问题和代理问题严重阻碍了该目标的实现，导致各种经济活动的交易成本较高，甚至引发市场"失灵"，即 Akerlof（1970）提出的"柠檬市场"问题。提高会计信息质量是解决"柠檬市场"问题的关键措施，会计稳健性作为会计核算以及信息披露的重要原则，明确规定在确认和计量交易中应该遵循谨慎原则，充分考虑企业风险与损失再做会计记录（Hsu et al.，2017）。Zhong and Li（2016）从利益相关者方面研究表明，债权人、债券投资者、供应商和客户等利益相关者的需求是稳健性形成的主要原因。Hsu et al.（2017）认为会计稳健性是企业利益相关者利益诉求的结果，可以作为企业层面的外生变量进行探讨。总而言之，会计稳健性是协调利益相关者的有效制度安排。很多学者研究发现，稳健性的重要功能就是债务契约功能，如债务契约中许多限制性条款就是以会计稳健性为基础的（Watts and Zimmerman，1990）。会计信息对企业融资行为及债权人行为产生影响，会计稳健性有助于债权人更好地行使契约权力（Tirole，2006）。会计稳健性还具有治理功能，有助于债权人对企业进行监督管理以及约束高管的自利行为（Watts，2003）。债权人判断企业健康程度依赖于财务信息以及财务信息所释放的信号，会计稳健性作为会计信息质量的重要特征之一，成为债权人决定是否向企业提供资金的必要依据，即会计稳健性影响企业的债务融资水平。

我国正处于转型的市场经济中，如何理清企业与金融机构的关系，怎样正确建立新型的金融股权关联，转变金融机构职能成为金融体制改革是否成功的关键。会计稳健性能否提高企业的债务融资水平不仅直接关系到会计信息对企业财务行为的影响，而且涉及企业与外部投资者之间契约的履行情况。立足于我国特殊的制度背景与治理结构，构建了一个受金融股权关联与会计稳健性共同影响的债务融资分析框架，在金融股权关联的影响下，会计稳健性对企业债务融资的作用将有何不同，即金融股权关联与会计稳健性在企业债务融资中两者存在何种关系。因此，探究金融股权关联、会计稳健性和债务融资的关系具有重要的理论和现实意义。

1.1.2 研究意义

1.1.2.1 理论意义

（1）完善金融股权关联经济后果的相关研究。基于现有文献对企业债务融资"金融化不足"的研究范式，从金融股权关联这一视角进行充分的补充，运用契约理论、信息不对称理论、信号传递理论和社会资本理论分别探索金融股权关联对债务融资规模、债务融资成本和债务融资结构的作用机理，并且通过实证检验进一步论证相关理论分析。嵌入我国特殊的制度背景，考察产权性质差异和货币政策调整在企业债务融资活动中对金融股权关联和会计稳健性的影响。通过研究宏观金融环境和微观财务因素对企业债务融资行为的影响，为企业进入金融行业获得债务融资提供证据支持，从而补充与深化了金融股权关联对债务融资的研究领域。

（2）加强会计理论中对会计稳健性原则的重视。会计稳健性是一项备受争议的会计惯例，通过会计稳健性对企业债务融资的理论阐述与实证分析，尝试验证作为会计信息质量特征之一的稳健性具有契约作用和治理作用，充分肯定其对企业债务融资的深远影响，也正视了理论界对会计稳健性的评价，这为资本市场的利益相关者提供了坚实的会计理论基础。此外，将会计稳健性具体分为条件稳健性和非条件稳健性，进一步考察两者对债务融资作用机理的差别。会计稳健性在债务契约的制定以及执行中占据举足轻重的地位，理应重视会计稳健性原则的理论研究。

（3）深化企业债务融资的相关理论。在我国转型经济的制度背景下，探索金融环境因素金融股权关联和企业微观因素会计稳健性对债务融资的作用机制，具有重要的理论价值与研究意义。债务融资一直以来都是财务理论的核心概念和会计实务的关注热点，考察信息不对称下的债务融资不仅推动理财学的发展，而且推动微观金融理论的探讨。构建金融股权关联、会计稳健性与债务融资的系统框架能够促进企业债务融资的深入研究，这对规范金融机构制度、构建信息披露体系和企业获取债务融资提供了科学的理论依据。基于以上分析，以我国的产权性质和货币政策对企业债务融资的影响作为制度背景，分别研究金融股权关联与会计稳健性的替代关系，有助于理解经济政策条件下两者如何发挥融资作用机理，显然具有重要的理论意义。

1.1.2.2 实用价值

（1）促进实体企业与金融机构融合，推动资本市场的体制改革。产业资本参股金融机构作为一种特殊的多元化战略能够减少信息不对称和交易成本，从而产业资本和金融机构的融合提升了资本运营效率（Khanna and Yafeh，2007）。资本市场是企业与金融机构建立股权关联的市场基础，可为市场经济交易方提供较低的成本费用和较低流动性的交易机制，同时规定严格的上市制度和定期的信息披露制度确保金融股权关联主体的权责一致（张庆亮和孙景同，2007）。信贷资源配置的效率体现在资本市场会迅速准确地将金融资本导向利润最大的实体企业，有助于促进金融资本和实体企业的有效融合。居于我国金融体系核心地位的银行业正经历着市场化改革，由以政府管制为主导转变为以市场调节为主导，同时改革的关键点是引入产权约束，通过股权多元化促进国有银行的约束机制和激励机制（张杰，2008）。近年来，中国人民银行明确表示鼓励与支持民间资本进入商业银行，使各类企业进入金融领域的步伐明显加快，这是推动银行业变革的中坚力量。市场力量推动下的金融股权关联有助于企业债务融资，则政府应该大力支持市场经济中实体企业和金融机构的自由结合，而不是过多干预降低资源配置效率。建立在完善制度基础上的金融股权关联能够满足企业资源与信息的双重标准，则企业可将金融股权关联作为未来发展战略的强有力的支撑点。

（2）控制债权人等利益相关者的决策风险。金融股权关联与会计稳健性作为公司治理机制的有机结合，被视为保障资本市场有效运行、提振债权人信心和保护相关者利益的一剂良药。对于外部投资者而言，结合企业的实际情况预测与识别影响其决策风险的因素尤为关键。稳健性对会计信息不对称的严格确认标准增强了债权人的信心与支持，金融股权关联的建立也对债权人形成隐性保护，这样有利于债权人减弱决策过程中的信息不对称性，通过获取有效的决策信息来准确及时判别提供资金的风险程度，同时采用相应的措施保证资金的安全性与收益性，从而实现权益的基本保障以及价值最大化。

（3）完善会计相关法律法规与监督治理体系的建设。立足于我国的金融环境，试图分析和厘清金融股权关联、会计稳健性和债务融资的作用机理，其研究成果有益于探索我国企业较高债务融资成本的解决途径，同时这些理论依据和经验证据对于改革企业与金融机构的关系、规范会计稳健性的运行操作以及健全公司治理机制具有重要的现实价值，有助于财政部制定相关法律法规、证监会严格监管资本市场，进而行之有效地保护债权人等利益相关者的合法权益。一方面，推动实体企业与金融机构的有机结合、完善金融市场是政府相关部门的当务之急，只有建立健全完整的产融结合保障机制才能拓宽企业债务融资的渠道以及有效防范金融市场风险。另一方面，会计稳健性作为会计信息质量的重要属性具有契约与治理功能，证监会应该重点对会计稳健性较低企业进行严格监督和管理，倡导企业通过会计稳健性使外部投资者做出正确的决策。由公正独立的第三方机构组建完整的会计信息披露评价体系显然是必要的，通过将会计信息及时传递给企业外部投资者，可以缓解由信息不对称导致的信贷配给问题，从而促使金融资源配置的良性发展。由此可见，若市场经济运行中的正式制度不健全，非正式制度将会在经济发展中发挥重大作用。然而，非正式制度不能完全弥补由正式制度不健全带来的不足，仅仅依靠非正式制度并非长久之计。政府相关部门应该尽快完善正式制度，这有助于正式制度与非正式制度演化成相互促进的正向循环，从而保证我国转型经济市场的健康持续发展。

1.2 核心概念界定

1.2.1 金融股权关联

金融关联主要包括金融高管关联和金融股权关联（Espenlaub et al., 2012）。金融高管关联是指企业聘请现在或者曾经在金融机构工作的人士担任高管职务，从而企业与金融机构建立非正式的关联关系；根据主体不同，金融股权关联分为金融机构持股企业和企业持股金融机构，一般情况下，企业不会被动地接受金融机构的监管，而将主动与金融机构建立关联关系，故本书研究的金融股权关联只含企业持股金融机构。通过聘任具有金融机构工作背景的人士担任企业的高管建立起来的高管关联比较间接和隐性。然而，企业持股金融机构建立的持股关联就比较直接和显性，尤其是持股比例较高或者是金融机构

前十大股东,这种关联程度能够对关联方的经营活动产生重大影响。金融高管关联与金融股权关联在以下方面存在差异:

首先,当企业同金融机构建立高管关联时,聘任的高管其投资决策更多考虑减小金融机构的风险,而不是实现企业利益最大化(Goter et al.,2008)。但是,持股关联的形成可以让企业和金融机构达成利益一致,相同的利润最大化目标驱使关联双方意见统一,有效的信息沟通降低了信息不对称程度,提高公司的债务融资水平。其次,相比高管关联,持股关联在降低交易费用方面也具有优势。当金融机构与企业发生信用交易时,交易费用主要表现为企业取得贷款支付的融资成本、信息搜寻成本、谈判成本以及履约成本。通常情况下,企业规模越大,交易费用越高。若市场交易费用大于企业内部管理费用,金融资本与实体企业将从外在信贷联系转为内在产权联系,通过建立相对稳定的交易关系促使外部融资交易费用内在化,这有利于信用交易费用的降低。最后,企业和金融机构两者的交易过程也存在信息不对称现象。作为资金使用者的企业拥有资金用途以及投资风险等独占信息,而位于信息劣势一方的金融机构很难对每个交易方进行准确评估定价,交易费用增加的占优策略会导致逆向选择问题,从而使资本市场失效。然而,通过持股金融机构将加强实体企业同金融机构两者之间的相互了解、相互制约,这样最大限度地减弱两者的信息不对称性,可有效提高企业的债务融资效率,进而增强企业的资本获取能力(蔺元,2010)。因此,本书对金融关联的研究仅仅涉及金融股权关联。

1.2.2 会计稳健性

会计稳健性又称谨慎性原则,是财务会计报告中的重要特征和惯例(Givoly and Hayn,2000),也是会计信息质量的基本特征之一。会计师将稳健性原则定义成预见所有可能的损失,但不预期任何不确定的收益(Bliss,1924)。我国会计基本准则规定,企业对交易或事项进行会计确认、计量和报告时,必须保持应有的谨慎,不能高估资产或收益、低估负债或费用。Staubus(1985)认为会计稳健性普遍存在于财务报告中。Ball and Shivakumar(2006)强调外部财务报告最重要的特征就是与会计稳健性有关的损失或坏消息的及时确认。李增泉和卢文彬(2003)以我国上市公司为研究样本,研究首次证明了会计稳健性的存在。

会计稳健性包括条件稳健性和非条件稳健性。条件稳健性又可称为事后稳健性或者盈余稳健，是指通过提高商誉减值准备、长期资产减值准备、存货减值准备等方法及时确认坏消息，延迟确认好消息的一种会计政策（Beaver and Ryan，2005）。这种定义的基础出于保护外部投资者，由于投资者通过及时且真实的信息进行决策行为，"坏消息"的及时反映能够规避不必要的投资损失，进而保护投资者的合法权益。由于经济波动带来的好消息和坏消息是暂时的，因此条件稳健性对财务报表的影响并不具有时间序列性，这种有偏的计量方法反转速度较快（Chen et al.，2014）。非条件稳健性又可称为事前稳健性或者资产负债表稳健，是指通过及时确认费用（广告费用和研发费用）、先进先出和加速折旧等方法低估资产的净现值，这种会计稳健性改变较长期间的盈余分布，对财务报表存在持续长久的影响。条件稳健性和非条件稳健性都是一项会计选择，在历史成本中，条件稳健性是对经济利得和损失确认时点的选择，而非条件稳健性侧重于会计方法的选择与估计。两类稳健性本质上的区别在于会计确认是否与当期消息相关，条件稳健性以未来的相关信息为需求；非条件稳健性的需求为资产形成时的相关信息（Basu，2005）。

1.2.3 债务融资

债务融资是指企业通过银行贷款、发行债券和商业信用等渠道进行筹措资金。本书研究的债务融资包括债务融资规模、债务融资成本和债务融资结构。债务融资规模是指企业通过银行贷款、发行债券和商业信用等渠道取得外部资源的数量。债务融资成本是指企业通过银行贷款、发行债券和商业信用等渠道取得资金并且对资金运营和偿还等环节发生的所有成本的总和；以企业的财务特征视角，债务融资成本是指企业发生债务融资行为时所发生的资金利息成本以及发行费用，通常情况下用融资成本率表示。债务融资结构是指企业进行债务融资活动时的可选择方式，根据债务来源不同将企业的债务融资主要分为银行贷款、公司债券和商业信用。具体而言，银行贷款方面，其融资成本包括支付给银行的利息和贷款手续费。公司债券方面，其融资成本除了包括支付给债券投资者的资金利息外，还包括与发行相关的承销费、印制费、公告费、评审费和法律费等。相比银行贷款的交易费用，公司债券发行中的固定费用相对较高（Smith，1986）。商业信用方面，由于交易过程中企业延期付款或预收账款，供应商与企业形成一种信贷关系，然而供应商和企业两者之间的信息不对称导致商业信用的交易形成相应的交易成本。

1.3 研究目标与研究内容

1.3.1 研究目标

通过对国内外金融股权关联、会计稳健性与债务融资等有关文献进行完整而细致的梳理，找出现有文献存在的不足之处，以此作为本书的研究方向，同时从理论和实证两个层面加以论证。本书的具体研究目标分为以下几个方面：

首先，本书以我国转型的市场经济为制度背景，对不同发展阶段的债务融资环境进行整理与归纳，结合产权性质分析企业债务融资的基本情况、金融体系的改革与发展以及制度变迁对会计稳健性的要求，这个首要目标为本书研究奠定了重要基础。

其次，本书综合运用契约理论、信息不对称理论、委托代理理论、信号传递理论和社会资本理论等契约经济学、信息经济学和经济社会学相关理论透彻探讨金融股权关联对债务融资、会计稳健性对债务融资的作用机理，从而构建金融股权关联、会计稳健性与债务融资的框架体系，为实证检验提供强有力的理论支撑。

再次，本书选取2007~2016年沪深两市A股主板上市公司作为研究样本，借鉴债务融资理论分析与研究成果，建立计量经济模型，分别实证考察金融股权关联、会计稳健性对债务融资的影响路径。结合我国产权性质以及货币政策，在不同情境下探究金融股权关联、会计稳健性和债务融资的作用机制。

最后，依据本书的主要研究结论，为管理当局完善金融股权关联政策制度、规范会计稳健性执行与监管提出切实可行的政策建议，通过降低债务融资成本以及优化债务融资结构改善企业的债务融资环境，进一步促进了我国债务融资市场的稳定健康发展。

1.3.2 研究内容

根据研究目标,本书总体上分成八章,各章的主要研究内容如下:

第1章是绪论。本章首先阐明选题的研究背景与研究意义,对书中涉及的核心概念进行界定,并且在明确研究目标的前提下介绍主要研究内容,随后指出运用的研究框架与研究方法,最后列示本书可能的创新之处。

第2章是文献综述。分别梳理了金融股权关联和会计稳健性对债务融资影响的相关文献,厘清国内外关于金融股权关联、会计稳健性与债务融资关系的发展脉络与研究成果。通过对现有文献的回顾、归纳和述评,指出金融股权关联、会计稳健性与债务融资关系存在的问题与不足,基于此选定本书的研究主题与方向。

第3章是制度背景。围绕"债务融资"这一研究主题,以金融股权关联和会计稳健性为切入点,对我国不同时期的制度背景进行了深层次的介绍与分析。首先,考察了我国上市公司债务融资特征,依据债务融资的来源,进一步探究银行贷款、公司债券和商业信用三个方面的背景环境;其次,剖析我国改革开放以来的金融体系改革与发展,并指出这个过程中存在的问题;最后,基于会计稳健性的视角,明晰我国会计制度变迁对稳健性影响的制度背景。

第4章是理论基础。本章结合契约经济学、信息经济学和经济社会学的经典理论,具体包含契约理论、信息不对称理论、委托代理理论、信号传递理论和社会资本理论,深入考察金融股权关联对债务融资、会计稳健性对债务融资的作用机理。

第5章是金融股权关联对债务融资的影响。对金融股权关联与债务融资进行理论分析,其中,将债务融资具体分为债务融资规模、债务融资成本以及债务融资结构,通过理论分析提出本章的研究假设,采用 Heckman 两阶段模型实证检验金融股权关联对债务融资的影响效果。

第6章是会计稳健性对债务融资的影响。分析了会计稳健性对债务融资规模、债务融资成本以及债务融资结构的作用机制,并且将会计稳健性分成条件稳健性与非条件稳健性,在理论框架下论证条件稳健性和非条件稳健性对债务融资不同的影响机制,选取上市公司作为研究样本,构建计量经济模型进行实证分析。

第 1 章 绪　　论

第 7 章是金融股权关联与会计稳健性对债务融资的影响。以第 5 章和第 6 章为基础建立金融股权关联、会计稳健性与债务融资的理论框架，深入分析金融股权关联与会计稳健性对债务融资的影响。探讨产权性质和货币政策对微观经济主体的传递路径，这对金融股权关联与会计稳健性在债务融资中的替代作用产生怎样影响，并且采用计量模型加以验证。

第 8 章是结论与展望。基于前面的理论分析与实证研究归纳金融股权关联、会计稳健性与债务融资的主要研究结论，提出与之相应的政策建议，同时提出本书的研究局限和未来研究方向。

1.4 研究框架与研究方法

1.4.1　研究框架

（1）研究逻辑。

金融股权关联、会计稳健性与债务融资的理论分析和实证检验是本书的核心部分，首先探讨金融股权关联对债务融资的影响，其次考察会计稳健性对债务融资的影响，最后剖析金融股权关联和会计稳健性对债务融资的交互影响，具体研究逻辑如图 1-1 所示。图 1-1 中各个部分之间具有密切的内在逻辑关系。随着我国市场经济的快速发展以及资本市场的逐渐成熟，政府鼓励实体企业通过参股金融机构获得资金等资源，金融股权关联作为一种非正式制度俨然成为研究热点。金融股权关联能否凭借资源效应和信息效应的路径作用于债务融资是本书研究的第一部分。债权人等利益相关者判断企业财务状况凭借会计信息及会计信息的信号传递，作为会计信息质量重要特征之一的会计稳健性成为债权人决定是否向企业提供资金的必要依据，则会计稳健性能否通过信号机制和治理机制影响债务融资是本书研究的第二部分。以前两部分的深入研究作为基础，第三部分考察金融股权关联和会计稳健性两者的交互作用对债务融资产生怎样的影响，互补关系抑或替代关系。书中三个部分层层递进，构建起金融股权关联、会计稳健性与债务融资的主要研究内容。

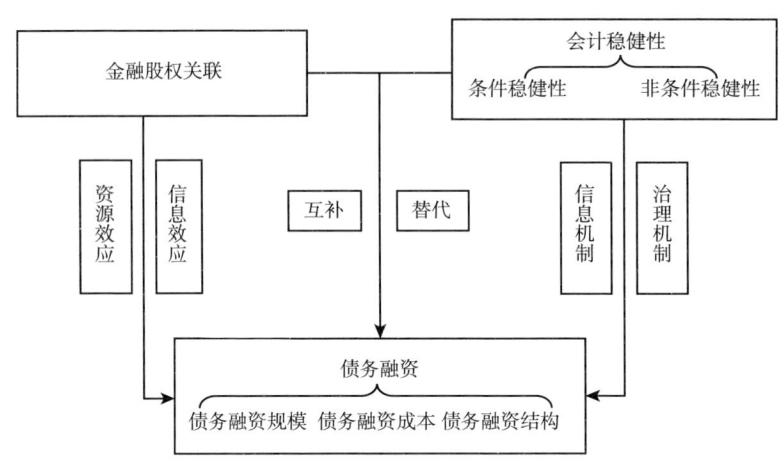

图 1-1 本书的研究逻辑

（2）研究框架。

根据本书的研究目标与研究内容，遵循"提出问题——文献综述——制度分析——理论分析——实证分析——结论建议"六个部分逐层推进，具体的研究框架如图 1-2 所示。

1.4.2 研究方法

本书在研究过程中综合运用规范研究与实证研究方法，并且有效结合了定性研究与定量研究方法。在规范剖析金融股权关联与会计稳健性对债务融资的基础上，运用实证研究方法对其进行验证。具体运用以下几种研究方法：

（1）文献研究法。一方面，通过查阅大量国内外有关文献，梳理与述评金融股权关联与会计稳健性对债务融资影响的现有研究，有利于准确把握该领域的基本理论以及最新动态，从而明确本书研究主题的逻辑起点和研究方向；另一方面，通过整理与归纳契约理论、信息不对称理论、委托代理理论、信号传递理论和社会资本理论等经济学经典理论，构建贯穿整个研究的理论框架体系，为金融股权关联与会计稳健性对债务融资的研究假设提供坚实的理论基础。

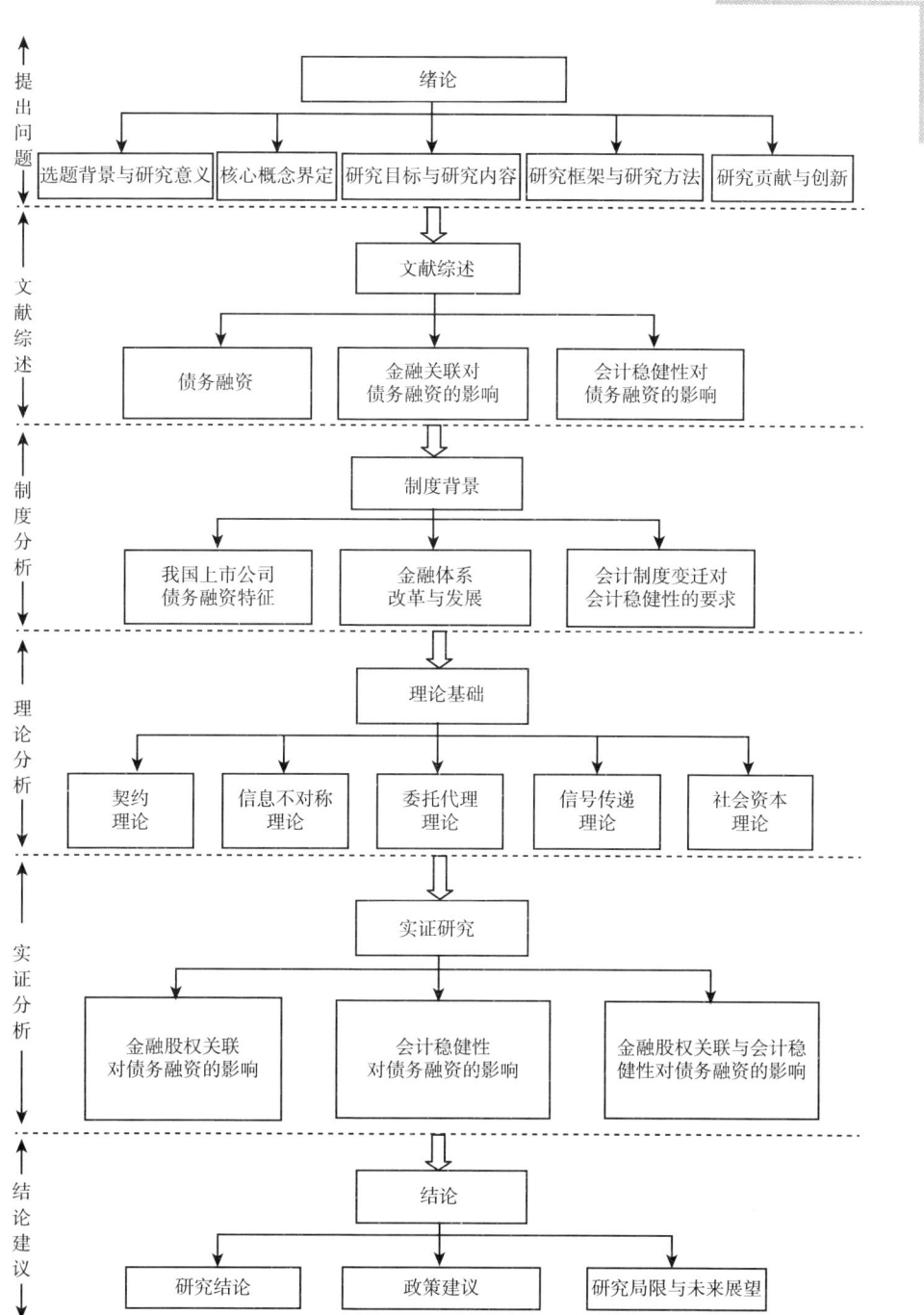

图 1-2 本书的研究框架

(2) 比较研究法。首先，根据债务融资来源不同，将债务融资具体分为银行贷款、公司债券和商业信用，深层次地分析其内在各部分的作用机理，比较金融股权关联与会计稳健性对银行贷款、公司债券和商业信用影响的差异；其次，在研究会计稳健性对债务融资的影响时，将会计稳健性具体分为条件稳健性和非条件稳健性，对比研究两者在理论分析和实证结果对企业债务融资作用的异质性；最后，对于会计稳健性计量模型的选择上，本书通过回顾与对比各种会计稳健性计量模型的使用条件、适用范围以及优缺点，找出适合我国企业的会计稳健性计量模型。

(3) 实证研究法。本书的实证研究体现在第 5 章~第 7 章，选取 2007~2016 年沪深两市 A 股主板上市公司作为研究样本，在检验过程中采用描述性统计、组间差异分析和多元回归等计量方法，实证检验了金融股权关联、会计稳健性和债务融资之间的关系。其中，普通最小二乘法是最基本的计量方法，主要运用于检验会计稳健性对债务融资的影响；在研究金融股权关联对债务融资的影响、金融股权关联与会计稳健性对债务融资的影响时，为克服内生性和样本自选择问题采用 Heckman 两阶段模型；金融股权关联与债务融资影响的稳健性检验中，运用两阶段最小二乘法（2SLS）；在比较金融股权关联和会计稳健性对银行贷款、公司债券和商业信用的影响差异时，采用 Chow 检验方法。

1.5 研究贡献与创新

借鉴现有的研究成果，本书的研究贡献与创新主要包括以下方面：

(1) 补充了金融股权关联对债务融资异质性的研究领域。一方面，从资源效应与信息效应两个层次，深入分析金融股权关联对企业债务融资规模、债务融资成本和债务融资结构的影响机制。以微观金融环境因素为切入点，扩充了金融股权关联这一非正式制度经济后果的文献，有助于深入研究我国特殊背景下非正式制度的运行机制。另一方面，现有文献对金融股权关联与债务融资的关系集中在银行贷款方面，很少涉及金融股权关联对公司债券和商业信用的作用机理。本书通过区分企业债务融资来源，探讨金融股权关联对银行贷款、公司债券和商业信用的不同作用机制，从而补充了学术界关于企业债务融资异质性的研究话题，也丰富了金融股权关联对债务融资的研究领域。

（2）深入研究会计稳健性对债务融资的影响差异。一方面，已有文献在考察会计稳健性对债务融资影响时忽视了会计稳健性的分类，本书将会计稳健性具体分为条件稳健性和非条件稳健性，运用合理的稳健性计量方法，分别研究两类会计稳健性对债务融资的内在关系，阐述两者在理论分析和实证结果对债务融资影响的不同之处，从而弥补现有文献忽视会计稳健性分类的不足。另一方面，根据债务融资的来源不同，剖析会计稳健性对公司债券、银行贷款、商业信用规模和成本的影响异质性，给出会计稳健性对债务融资结构的新证据，进一步拓展了会计稳健性对债务融资的研究。

（3）以金融股权关联和会计稳健性的视角进行债务融资的研究，构建出金融股权关联、会计稳健性与债务融资的理论框架，探究金融股权关联与会计稳健性在企业债务融资中的替代作用，提供了债务融资研究的新思路与新视角。基于我国的特殊国情，区分国有企业和非国有企业，研究金融股权关联与会计稳健性对债务融资替代作用的差异。结合货币政策的制度背景，考察金融股权关联与会计稳健性在债务融资结构中的替代作用，有助于理解经济政策条件下两者如何发挥融资的作用机理。

第 2 章

文献综述

债务融资一直以来都是理论界和实务界关注的热点话题,国内外关于金融关联与债务融资、会计稳健性与债务融资已经取得了相关研究成果。依据本书的研究目标与研究内容,从金融关联和会计稳健性两个层次,在企业的债务融资行为理论和实证方面进行文献回顾与脉络梳理,并且对国内外相关研究文献做出评述,从而为本书的理论分析和实证检验奠定基础。

2.1 债务融资

债务融资作为现代公司至关重要的财务行为,始终居于公司治理研究的中心地位(Drobetz and Wanzenried,2006)。大多数文献是以债务属性的其中一个类型,考察企业债务融资效率或者治理效果等方面,很少将企业债务融资作为不同来源特征以及涵盖不同治理效力的整体决策结果进行深层次剖析。在本书的研究中,尝试根据债务融资规模、债务融资成本以及债务融资结构三个属性特征,将企业债务融资作为系统且全面的决策整体来考察,所以对国内外债务融资文献的回顾与整理也围绕着这三个层面逐步展开。

2.1.1 债务融资规模

资本结构相关理论对于企业是否按照目标资本结构经营尚未达成统一结论,然而国内外理论界与实务界的研究足以表明企业存在目标负债率或者最优负债率,并且实际资本结构越接近于目标资本结构,公司价值越高(Byoun,2008;Deangelo and Roll,2015)。大多数CFO认为企业存在目标负债率,鉴于自身特点及外部环境产生的影响，企业可能随时调整成本出现逐渐偏离目标负债率的情况，最终造成过度负债或负债不足的债务配置结果；影响企业债务融资规模变化的因素主要表现为资本结构的三个方面，资产负债率、资本结构调整速度和实际资本结构偏离目标资本结构的程度（李宁，2017）。

根据本书的研究目的，对资本结构的研究仅仅围绕债务融资规模（资产负债率）展开。国外文献方面，Harris and Raviv（1991）从企业财务特征角度，研究发现公司规模、固定资产比例、非债务税盾、成长机会与资产负债率显著正相关；企业盈利水平、收益波动率、广告费用、研发支出与资产负债率显著负相关。随后，Rajan and Zingales（1995）采用主要工业化国家的上市公司债务融资数据作为样本，研究发现已有文献认定的影响资产负债率的因素，在其他工业化国家具有相同的考察结果。Fischer et al.（1989）从企业动态角度，选取资产负债率波动范围计量资本结构，研究认为此种波动和企业的财务特征动态有关；Ozkan（2001）运用 GMM 计量方法，通过探讨资本结构决策动态以及调整过程的本质，为实际资产负债率向目标负债率调整提供了经验证据。从公司治理结构角度，学术研究主要根据管理层自利动机和股权结构两个方面（Berger et al.，1997；Short et al.，2002）。Booth et al.（2001）结合财务与治理特征以及外部制度，通过代理理论、静态权衡理论和啄食次序理论对比研究了发展中国家的企业资本结构，在权衡模型中，剖析了资产类型、盈利水平、商业风险、财务困境和税率的影响；在代理框架中，指明企业内部人和外部投资者的矛盾直接决定代理成本以及融资成本的最优资本结构，其中表现代理成本重要性序列的重要因素是企业资产规模和成长能力。

国内文献方面，关于债务融资和资本结构的研究也获得丰硕的成果，实证检验中选取的财务指标包含公司规模、盈利能力、成长能力、固定资产比率和经营现金流量等因素，尽管研究结论尚未达成一致，但是绝大多数验证了相关性的存在（姜付秀等，2008）。结合我国特殊的制度背景，有学者以产权性质作为研究视角，盛明泉等（2012）指出，国有企业的预算软约束问题越严重，其实际资本结构与最优资本结构的偏离程度也越大。相比非国有企业，国有企业由于政府的隐性担保，即使在其资产负债率较高甚至无法支付本息时，国有企业的破产风险依然较低，因此国有企业拥有不可比拟的债务融资优势（陆正飞等，2015）。

2.1.2 债务融资成本

Jensen and Meckling（1976）首次对债务融资成本进行探究，债权融资形成的股东与债权人两者之间的冲突是企业的外部冲突，并且由于信息不对称的存在，外部冲突将导致债务代理成本。经济学家罗斯等认为资本市场中普遍存在的信息不对称是解释企业债务融资的突破口，具体而言，若考虑企业管理者和投资者之间的信息不对称而忽略企业两权分离产生的委托代理成本，将债务融资作为传递企业资金流等信息的信号，能够降低信息不对称的程度；若考虑企业的所有权和管理权分离带来的委托代理矛盾，企业的债务融资是通过减少代理成本来提升企业价值的结果。债务融资成本的相关文献主要根据信息不对称和代理成本分为两个方面。

从信息不对称方面，信息分布不均衡将增加企业的融资成本，若企业内部人掌握的私有信息越多，外部投资者索要资本回报率越高（Armstrong et al.，2011）。信息不对称产生的信息风险具有不可分散性（Easley and O'Hara，2004），严重加深了投资者的逆向选择行为，此时在信息不对称的情况下，通过增加企业的债务融资成本能够形成自我保护效应；作为监督制衡的公司治理机制可以有效降低信息风险，促进企业融资成本的降低（蒋琰，2009），从而公司治理是外部投资者缓解信息不对称的关键工具。徐玉德等（2011）认为企业高质量的信息披露通过降低银行的信贷风险可以缓解债务融资约束，则信息披露质量较高的企业更易取得银行贷款。于富生和张敏（2007）研究也发现，企业信息披露质量和债务融资成本呈显著的负相关关系，这种关系在市场风险较高时尤为明显。Ross（1977）通过构建信号传递模型认为，在信息不对称的情况下，债务的高低水平是外部投资者评判企业质量的重要标准；进一步地，高质量企业能够通过获得大额的银行贷款和发行大量的企业债券进行债务融资，而低质量的企业由于成本较高或破产风险较大，是无法通过效仿这类行为传递其是高质量企业的信号。从代理成本方面，为了减少股东和债权人的代理问题，债务契约签订时通常会引入以会计数字为基础的限制性条款，即在债务契约制定过程中，会计信息能够减少股东和债权人的代理成本（Watts and Zimmerman，1978）。企业的债务利率取决于违约风险以及债权人权益得到保护的程度，还受到企业代理成本和违约风险等会计信息的影响；有效的公司治理机制不但能够减少代理成本和违约风险,而且能够获得更多的关于代理成本和违约风险的会计信息,从而降低企业的债务利率(Bhojraj and Sengupta,2003)。Shleifer and Vishny(1997)通过研究公司治理和债务融资两者之间的关系,发现有效的公司治理机制能够缓解代理问题,有助于公司债务融资成本的降低。

2.1.3 债务融资结构

根据债务融资来源结构不同,将债务融资具体分为银行贷款、公司债券和商业信用。银行的主要职能是优化信贷资源配置,而企业与银行两者之间的信息不对称和代理问题滋生信贷配给现象。在信息不对称的情况下,银行的监控职能是金融机制的支柱,如果银行融资未以紧密交易关系为基础的信息形成或者监管捆绑起来,银行提高信贷配置效率的职能将会弱化(Rajan and Zingales,2001)。公司债券拥有流动性大、约束力强和成本低等优点,在欧美发达的资本主义市场经济中公司债券融资占据企业融资的主导地位。公司债券是当前金融市场改革的重点问题,我国债券市场发展的其中一项战略目标就是提高公司债券融资在债务融资中的比例。通常情况下,能够公开发行债券的公司大多拥有银行贷款资格,则公司债券和银行贷款两者之间存在一定的替代关系(刘星等,2015)。债券市场能够削减债务融资成本以及调剂资金余缺,通过发挥资源配置作用促进市场经济的增长。

理论上,相比银行贷款,公司债券在成本和期限方面更具有优势。然而,当前我国债券市场普遍存在定价机制"失灵"、债券利率较高等情况,财务状况与信誉资质良好的企业发行债券的意愿也不强烈(刘星等,2015)。从代理冲突层面,同银行贷款债权人相比,公司债券投资者的"天然分散"特点决定了其难以真正发挥外部债权的治理行为(Diamond,1991),甚至与企业内部人产生较为严重的代理矛盾(Lin et al.,2013)。若债券市场的运行难以履行监管到位与透明有效的目标,则债券市场可能变为企业内部人逃避监管的"避风港"。从公司治理层面,公司债券投资者和银行贷款债权人虽然都是外部债权人,但属性的不同使两者在监管效力层面拥有天然的强弱差异(Diamond,1991;Denis and Mihov,2003;Lin et al.,2013)。具体而言,公开债权持有人具有人数较多,且单个债权人持有量较小的特点,直接导致了监督公司经营管理的动力和能力不足（Houston and James，1996），在我国债权人保护机制不健全的阶段这种现象尤为突出。目前我国对于债权人的保护机制尚不完善，大幅放宽债券市场的发行主体范围和准入条件，致使公开债权人的监管力度逐渐减弱。公开债权人的保护措施体现于债券契约中，但我国公司债券契约中缺少红利支付和投资生产等有关的违约款项（陈超和李镕伊，2014）。与公开债权人相比，银行债权人与公司拥有更大规模、更加频繁的经济活动，同时银行债权人实施监管的意愿更为强烈（Nakamura，1993）；银行凭借专业优势可以捕捉准确及时的内部信息以及判别内部人的道德风险，甚至凭借限制公司资本流动性或重新签订债务契约等途径同内部人单独谈判，从而发挥更为强势的债权人治理效力（Fama，1985；Lin et al.，2012）。

金融危机对经济发展带来巨大冲击并且导致信贷市场紧缩，这为学者提供了外部融资难的情形下，考察企业商业信用供给状况的天然实验环境（胡泽等，2013）。市场资金的供需状况是企业进行债务融资的基本背景环境，人民银行的货币政策作为重要的宏观经济调控工具，对市场资金量的波动将会影响企业的债务融资活动。商业信用作为银行贷款的替代融资方式，尤其是在从紧的货币政策阶段，由于银行贷款规模减小，企业将转向商业信用融资以保证投资（Nilsen，2002）。关于商业信用存在的意义，学术界有许多相关理论，早期理论主要包括融资动机理论和信贷配给理论，强调受融资约束的企业依靠商业信用可以取得资金支持；近期理论主要包括商业信用的竞争性假说和买方市场理论，强调商业信用的竞争性作用。

尽管商业银行的市场化改革削弱了政府干预，然而银行业结构依然集中于国有商业银行，政府对于金融体系的控制使在资源配置中扮演着重要角色。现阶段我国的金融体系以信贷市场为主导，银行贷款是企业的主要债务融资方式。在金融市场不发达的国家中，商业信用的投融资作用尤为重要（Fisman and Love，2003）。由于我国的金融体系尚不完善，商业信用对国民经济（特别是非国有经济）的支持可能超过了银行贷款（Allen et al.，2005）。一部分企业为了缓解融资约束以及谋求生存发展，通常会寻找其他债务融资方式。商业信用作为普遍的债务融资方式，对企业经营业绩及金融市场发展具有里程碑意义。从融资的视角来看，商业信用的实质是供应商为企业提供的一种短期信贷。在转型的市场经济中，正规金融体系的不健全导致企业直接债务融资比例较低，同时银行信贷资金配置缺少灵活性，这样银行贷款成为众多企业面临的融资困难，民营企业和中小企业尤为突出，因此商业信用成为企业进行外部债务融资的关键途径。进一步研究认为商业信用的融资作用具有争议性，一方认为商业信用和银行贷款两者之间存在替代关系，当金融市场不健全引发信贷配给时，企业通过供应商提供的商业信用能够获得替代性融资（Petersen and Rajan，1997；Fisman and Love，2003）；另一方认为，商业信用与银行贷款两者之间存在补充关系，融资约束的企业依据供应商提供的商业信用可以向银行释放积极的信号，进而获得大量的银行贷款（Biais and Gollier，1997；Cook，1999）。

2.2 金融关联对债务融资的影响

社会关联关系借助信息的交换与质量对经济产出形成重要影响，若体现于企业财务中就是债务融资决策的变化（Granovetter，2005）。我国不健全的金融市场阻碍了企业的债务融资规模、渠道与效率，面对这种环境背景，一些企业同金融机构建立关联关系，以期获得金融资源与融资便利，因此作为非正式制度的金融关联对企业的资源配置与财务决策具有重大作用。随着我国金融行业进一步发展，银行与其他金融机构的界限逐渐模糊，金融混业经营的形势日趋明显，实际上其他金融机构为企业融资提供便利条件的情况更为显著（陈栋等，2012）。企业资金来源的渠道并非只有银行，越来越多的企业选择证券、期货、保险、基金和信托公司等金融机构进行融资。由于非银行金融机构不能办理结算业务，其放贷过程不会增加货币供应量，只是改变了存款结构，不会违背从紧的货币政策，因此非银行金融机构对活跃微观金融环境有着重要作用（吴晓灵，2008）。

2.2.1 金融关联对债务融资的收益观

基于收益观的金融关联研究主要理论依据是社会资本理论，该理论认为企业金融关系对资源的获得有着重要意义。目前，我国市场交易成本较高以及法律体系不完善，面对以经济转轨和治理转型为特征的制度环境，企业有动机将构建的关系资源作为经营战略的一部分，通过获得优惠便利来提高公司价值

（李维安等，2010）。鉴于政治资源的数量有限和政治关联的维护成本，Lu et al.（2012）认为企业持股银行能缓解其融资约束。伴随着金融市场的快速发展，金融机构在降低资本市场信息不对称、减小交易成本和分散风险等方面起到不可替代的作用。国内外金融关联的探讨主要围绕金融关联与企业信用贷款、借贷成本和破产风险等。

（1）金融关联能够缓解企业融资约束以及带来融资便利。从金融关联与债务融资规模、债务融资成本方面，国外文献研究发现银行同企业发生业务往来时，能够取得较多的企业盈利能力与发展前景的信息，紧密的银企关系有利于两者信息不对称的降低，最终促使企业从银行获得借款的能力提高（Diamond，1984；Fama，1985；Berlin and Loeys，1988）。银行是企业资金来源的重要渠道，企业与银行建立的紧密联系可以获取大量资金（Berger and Udell，2004；Porta et al.，2003；Charumlind et al.，2006）。通过分析银行关联对企业贷款的可得性以及贷款的成本，研究论证了拥有银行关联的企业获得的银行贷款规模更大（Booth and Deli，1999；Burak et al.，2008；Ciamarra，2012；唐建新等，2011；邓建平和曾勇，2011；陈仕华和马超，2013）、更高的信贷额度（Lu et al.，2012）和更低的融资成本（Ciamarra，2012；陈仕华和马超，2013）。Kroszner and Strahan（2001）和 Dittmann et al.（2010）研究了企业存在银行关联董事的必要性。Booth and Deli（1999）通过对美国大规模企业研究，得出银行家担任企业董事会显著提高公司负债率的结论。Ciamarra（2006）指出董事银行关联会增加企业贷款量，减小债务融资与有形资产的相关性以及降低融资成本。Burak et al.（2008）认为商业银行家进入企业董事会能为企业增加外部银行融资，投资银行家出任企业高管能为企业增加外部证券融资。Lu et al.（2012）发现我国不发达的金融市场限制了企业的债务融资水平与效率，这种制度背景下，一些企业凭借投资成为金融机构的股东，进而快捷便利地获取规模较大、成本较低和结构较多的关联贷款。苏灵等（2011）研究表明上市公司聘请具有银行工作背景人员担任董事能够获取较多的银行贷款。

从金融关联与债务融资期限方面，Charumilind et al.（2006）研究表明，与不存在银企关系的企业相比，赋有银企关系的企业可取得更多的银行长期借款，且要求提供的担保物更少。从金融关联与债务融资结构方面，Bharath et al.（2007）研究发现企业和银行的关系型贷款，除了为企业带来债务融资便利外，其拥有的信息优势还有助于银行为利益相关者提供债券等方面的服务。商业信用活动中关联关系有助于增进双方信任和重复交易，也利于企业与供应商的信息交流与资源分享。Mcmilla and Woodruff（1999）通过越南民营企业的研究样本，得出企业和供应商的网络关系紧密程度与商业信用融资呈正相关的结论。刘凤委等（2009）也发现社会资本丰富的企业容易获得利益相关者的信任，同时在产品交易中倾向于低融资成本的商业信用，或者企业支付较少的预付账款和销售费用。金融关联使企业与金融机构搭建起沟通桥梁，有利于企业缓解融资约束、减少债务成本和优化资本结构（邓建平和曾勇，2011）。唐松等（2017）认为社会网络传递了私有信息和信誉抵押，网络成员彼此建立的信任关系能够缓解代理问题和降低商业交易成本，从而达成市场机制无法完成的交易。因此，企业的社会网络关系对商业信用交易有着促进作用，并且无形的社会网络与有形的资产抵押具有替代关系。此外，王善平和李志军等（2011）强调投资效率越高的银行持股企业取得越多的债务融资；通过缓和债权人和股东间矛盾对企业投资的影响，银行持股提高了信贷配置效率。张胜等（2017）通过实证检验得出结论，同未持有银行股份的上市公司相比，持有银行股份的上市公司的资本结构动态调整更快，实际资本结构和目标资本结构的偏差更小。进一步研究发现，产权性质对银行关联与资本结构的关系产生影响，并且这种关系只在持股内资控股银行时成立。

（2）金融关联是一种具有声誉和担保作用的隐性机制。Petersen and Rajan（1994）验证了逆向选择与道德风险两者的关系银行模型发现，当银行对贷款者不了解时，银行提供贷款的利率较高；当对贷款者逐渐了解时，银行提供贷款的利率将降低。银行向企业贷款前，不但搜集可量化、可验证的财务比率或抵押率等企业客观的"硬信息"，还将搜集一些不易量化、不易查证和传递的主观"软信息"，如企业的声誉及管理者品行等信息，有助于进行"关系借贷"决策（Berger and Udell，2004）。Morgan（2000）强调企业同银行构建的关联是一种声誉和隐性担保机制，能够为企业带来基于声誉机制的关系效应和信贷质量的改善。祝继高和陆正飞（2009）也认为上市公司持有银行股权的价值体现为获得的"隐性信贷额度"，而不是增加的关联贷款，具体表现为企业现金持有波动降低，而非债务融资增加。

（3）金融机构能够监管企业的生产经营活动以及降低企业的破产风险。一方面，Boot（2000）指出企业和银行通过构建紧密联系将在以下四个层次为企业融资带来方便：第一，银企关系促使企业同银行构建长期的隐性契约；第二，银企关系附带的扩展契约可以减弱银企之间的潜在利益矛盾；第三，银企关系让银行可以直接监督与控制企业向银行提供的抵押物；第四，银企关系有利于促成企业在短时间内未盈利的贷款，若银企关系将会持续，企业的融资就可能盈利。Kaplan and Minton（1994）强调银行关联董事监督职能的发挥显著提高了公司价值。Lorsch and Young（1990）强调企业聘任银行董事能为其提供管理经验，尤其是投资意见。Byrd and Mizruchi（2005）也发现拥有金融机构工作经历的高管能为企业提供金融专业咨询，特别是融资方面和投资方面。此外，金融关联通过监管企业的生产活动取得了经营业绩，蔺元（2010）研究发现参股券商或者增加参股比例能够改善上市公司的经营业绩。祝继高和陆正飞（2009）研究表明，相比国有上市公司，民营公司持股银行会显著提高财务业绩。另一方面，结合企业微观环境背景，当公司面临财务困境和信息不对称程度高时更有动机建立金融关联。Gilson（1990）指出，面临财务困境的企业虽然会减小董事会规模，但是却邀请具有银行背景的人员加入董事会。Hoshi et al.（1991）指出财团会员公司较低的融资约束和投资现金流敏感性证实了银企关系能有效降低信息不对称的观点。Elston（1996）、Gary and Schmid（2000）研究论证了德国企业的银行股权使投资对内部流动性约束的敏感度降低。Mitchell and Walker（2010）以美国企业作为研究样本，也证实企业聘任银行董事能够减少破产风险和财务困境。

（4）产权性质能够影响金融关联对债务融资的作用机制。在欧美发达的资本市场和完善的金融体制双重条件下，企业的融资约束主要来源于外部市场的信息不对称（Fazzari et al.，1988）。然而对于新兴转型经济的中国市场，企业的融资约束问题更多的是与其所处的制度环境有内生性关系，其中，产权性质是影响上市公司债务融资的重要因素。虽然外部融资有助于市场经济快速发展，但我国的金融资源大多数流向国有企业，民营企业仍然面临融资渠道不畅的问题，至今融资问题还是没有得到有效解决（Cull et al.，2005；Allen et al.，2005）。大量的实证研究也证实了"信贷歧视"的存在（Brandt and Li，2003；林毅夫等，2004；巴曙松等，2005），通常表现为民营公司贷款金额更少，贷款成本更高。江伟和李斌（2006）研究表明，相比民营上市公司，国有公司可以取得更多的长期债务融资。即使这样，民营企业通过其他替代机制俨然成为资本市场中重要的一部分。Lu et al.（2012）以银行歧视的角度剖析，国有企业赋有得天独厚的融资优势，相比国有企业，民营企业更倾向于持有商业银行股份，研究证明民营公司的银行股权关联能够降低利息支出和增加短期贷款。邓建平和曾勇（2011）认为金融关联能够缓解民营公司的融资约束，并且这种关系在金融市场化程度低的地区更显著；还指出金融关联缓解融资约束的作用在政治关联程度低的民营公司中作用更大，并且金融关联比政治关联更能缓解民营公司的融资约束。陈运森等（2015）强调银行股权关联可通过缓解融资约束来降低投资不足及增加投资价值，但是这种作用的产生取决于产权性质和制度环境。黄小琳等（2015）认为上市公司持股金融机构能够增加短期和长期债务资金以及完善公司的负债结构，并且这种关系在民营上市公司中更加显著。

（5）宏观经济政策能够影响金融关联对债务融资的作用机制。在货币政策层面，当货币政策依靠银行贷款方式传导时，传导效应的非对称性对信息不对称较高的企业造成重大冲击（Gaiotti and Generale，2001）。紧缩的货币政策带来的融资风险将限制企业的外部债务融资能力，甚至可能让企业陷入流动性困境（祝继高和陆正飞，2009）。紧缩的货币政策提高了企业获取银行贷款的难度，通过减少银行可供资金影响企业投资（Kashyap et al.，1993；叶康涛和祝继高，2009），同时较高的银行贷款利率增加了企业债务资本成本（Mojon et al.，2002）。在我国以银行为主导的金融体系下，持股银行形成的直接关联关系在一定程度上减弱了宏观货币政策变更对微观企业产生的影响，有利于企业面临制度变革调整成本的降低。相比没有银行关联的上市公司，持股银行的企业现金持有水平低，并且这种关系在货币政策从紧时更为显著（陈栋和陈运森，2012）。陈栋等（2012）表明，相比未持股企业，持股保险公司的企业其现金持有水平与调整水平更低，这种流动性风险管理的提高在货币从紧时更加显著；研究还表明企业通过持股保险公司构建的产融结合平台赋有财务协同效应，可以部分抵消由货币政策变更带来的不确定性影响，能使企业降低制度调整的风险成本。在产业政策层面，祝继高等（2015a）发现，相比属于产业政策支持行业的公司，不属于政策支持行业公司更有动机建立银行关联；公司凭借银行关联的资源效应和信息效应可显著增加银行借款和长期借款，而对不是产业政策扶持的公司来说，银行关联表现为管理效应，即显著降低长期借款数量和不稳定性。进一步研究证明，不属于产业政策支持的企业其银行关联与政治关联具有互补效应，属于产业政策支持的企业其银行关联与政治关联具有替代效应。祝继高等（2015b）研究发现，对于产业政策支持行业的公司，银行关联董事并未履行监督职能；相反，在产业政策不支持行业的公司其监督职能得到有效发挥。

2.2.2 金融关联对债务融资的风险观

目前，越来越多的学者致力于金融关联的研究，然而对企业的债务影响机制并未得出一致结论，企业同金融机构建立金融关联也存在风险。基于风险观的金融关联研究是与基于收益观的金融关联研究同时出现的，主要原因是企业金融关联研究促成因素的两面性。Seok（2002）认为社会资本是形成企业金融关系的根本原因，其自身就存在收益和风险两个方面。

首先，金融关联降低了企业的债务融资水平。Weinstein and Yafeh（1998）通过研究分析日本制造业上市公司发现，银行关联并未使公司实现高盈利和高增长，相反，其资本成本更高，结果表明银行关联的收益大部分被银行获得。Byrd and Mizruchi（2005）认为银行家担任公司董事致使美国大规模公司的负债率下降。张杰等（2007）指出在我国银行机构，银企关系产生的"关系型借贷"并未得到充分利用。相反，公司的贷款成本会随着银企关联时间的增长而增加（陈键，2008）。杨毅和颜白鹭（2012）运用企业与银行的合作年限、企业在该银行贷款的比例作为衡量指标，研究表明银企关系深度越强，企业的银行贷款利率反而越高，而用企业在银行开办的其他业务数量来计量，得出银企关系的广度越强、企业贷款的利率越低的结论。

其次，由于金融机构和关联企业的目标效用函数不同，难以形成协同效应。当企业持股金融机构达到一定比例时能够对金融机构的信贷决策产生影响，关联贷款是控股股东"掏空"金融机构的手段（祝继高，2012），虽然关联贷款可能损害小股东的利益，但对于持有金融机构股份的企业而言是有优势的。金融机构和企业的目标效用函数不同，金融机构可能以自身利益为出发点，阻止公司投资高风险投资项目（Kroszner and Strahan，2001）。Mitchell and Walker（2010）也认为银行关联董事以银行利益的角度更多考虑的是固定收益最优化，而非剩余收益最大化，具体表现为投资决策时关联董事拒绝风险高但价值大的投资项目。Laeven（2001）研究俄罗斯企业数据发现，银行大股东取得内部借款主要依据对总经理的控制力。通常在金融资源供给不足和存在配给的情况下，作为自利经济主体的金融资源供给者将会进行"寻租"活动（谢平和陆磊，2003）。

最后，金融机构难以发挥监管作用以及降低了公司价值。Kroszner and Strahan（2001）认为当公司股东和关联银行发生利益冲突时，银行关联董事独立性受到影响，进而难以发挥其监督职能。Adams and Ferreira（2007）研究发现，金融机构关联的董事更倾向于履行咨询职能而非监督职能，同时其以金融机构利益为出发点的咨询职能有可能损害公司价值。国内文献中 Lin et al.（2009）运用中国数据研究证明，公司将通过银行持股关联获取的融资大多数用于无效投资，严重损害了公司价值。朱松和杨丹（2015）指出企业参股金融机构导致投资效率降低，甚至引发企业严重的过度投资行为，这种现象在民营企业中更加显著。债权人的监督可以缓解代理矛盾，但是金融机构作为公司的股东其监管弱化，无法有效抑制管理层的机会主义行为。金融机构若同时作为股东和债权人存在利益冲突，金融机构的战略决策以降低债权人风险为出发点，并不能提高上市公司价值。此外，Guner et al.（2008）研究指出银行关联方通常是信用等级良好但投资机会较差的公司，体现出银行关联董事的风险规避倾向。翟胜宝等（2014）强调银行关联会增加企业风险，且此关系在非国有公司和规模较小公司更加显著。

2.2.3 金融关联对债务融资的综合观

一些学者从综合观的角度分析企业构建金融关联对债务融资的影响。企业持有银行股份达到5%就会成为银行的关联方，银行给关联方发放的贷款称为关联贷款，并且给予贷款利率方面的优惠（Porta et al.，2003；Cull et al.，2006）。我国上市公司通过主动与银行建立股权关联来获得关联贷款和增加信用额度等融资便利。对于关联贷款有两种对立观点：抢劫观（Looting View）认为关联贷款是控股股东"掏空"银行的手段。例如，Porta et al.（2003）通过选取墨西哥的数据得出关联贷款利率更低的结论。Charumlind et al.（2006）利用亚洲暴发金融危机之前的泰国数据，表明具有银行关联的企业信贷融资时，不但不用抵押反而获得更多的长期借款。信息观（Information View）认为关联关系降低银行与股东的信息不对称程度，从而得到附带优惠条款的贷款。例如，Maurer and Haber（2007）通过数据分析认为关联贷款不会损害银行利益。刘星和蒋水全（2015）提出银行持股关联的正面效应和负面效应，持有银行股权和银行业竞争性可以显著缓解民营企业的融资约束，并且两者具有替代关系，然而委托代理矛盾也可能导致银行股权关联被部分异化为利益"寻租"的工具，这会降低银行持股关联与资本配置的正相关关系。

上市公司聘任银行关联董事建立关联不是外生行为，而是公司对成本与收益权衡的结果（Kroszner and Strahan，2001）。Morck et al.（2000）根据日本公司研究得出银行持股公司的比例和公司价值并非线性关系的结论。Limpaphayom and Polwitoon（2004）采用泰国上市公司数据分析发现，银行参股比例和公司的市场业绩呈倒"U"形关系。具体来说，当银行成为公司股东时，银行监督作用的发挥会降低信息不对称程度和契约成本，随着银行持股比例的增大，银行对公司进行"掏空"的行为致使公司市场价值降低。张庆亮和孙景同（2007）强调产业部门和金融机构通过股权关系形成的产融结合存在无效性和负效性，但随着紧密程度的加深，其有效性显著提高。祝继高（2012）认为银行和公司的利益能否取得一致决定因素是银行持有公司股份的比例。

2.3 会计稳健性对债务融资的影响

2.3.1 会计稳健性与债务契约

（1）会计稳健性产生的债务契约解释。

Watts（2003）指出稳健性源于会计信息需求的四个层面：契约、诉讼、税收和管制。会计稳健性形成原因主要包含债务契约与报酬契约，稳健性推迟向股东支付保证了债权人权益，并且推迟盈余的报酬支付保证了股东权益。随后会计稳健性产生的原因分析中认为债务契约是最主要的因素。

根据契约理论，不对称信息、不对称支付、有限任期和有限责任会给企业和当事人带来许多矛盾，会计稳健性是解决各契约方代理冲突的有效缔约手段。Ball and Shivakumar（2006）研究发现债务市场规模影响会计稳健性，但权益市场规模并不显著；研究表明会计稳健性只是对债权人产生积极作用，而这种作用对权益市场的投资者无效。Ball and Shivakumar（2005）却强调相比私有权益市场，公开权益市场对稳健性的需求更加强烈，说明投资者也能够从稳健性中受益；此项研究结论与价值相关性理论相左，根本原因为公开权益市场估价需要拥有价值相关性的信息，并不是稳健的信息。然而，Peek et al.（2006）指出在上市前期，公司更多的是关系型融资，而在上市后期转化为市场化融资。在关系融资下债权人对公司的了解更加详细，则对稳健性的需求有所减少；当转变为市场化融资时，债权人对稳健性的需求逐渐增大，从而公司上市以后稳健性呈现上升趋势；研究阐明了股东与债权人的冲突是上市公司与私有企业稳健性差异的重要解释，这同 Ball and Shivakumar（2005）认为的企业两类稳健性差异源于股东对稳健性需求不同的观点不一致。陈旭东和黄登仕（2007）以企业生命周期的角度深入考察，在企业的生命周期初期，企业大多数情况下选取关系型融资，则对会计稳健性的需求低；当企业逐步发展成长后，由关系型融资转变为市场化融资，私下沟通掌握的会计信息难以满足投资者的需求，进而会计稳健性的程度显著提高，这在一定程度上印证了 Peek et al.（2006）的观点。

从另一个角度解释 Peek et al.（2006）的研究结论，公司上市后由于所有权相对分散，越来越多的股东难以详细地了解公司内部信息，只能在更大限度上依赖公司所报告的盈余做出投资决策，在这种情况下必然加大对稳健性的需求。Lafond（2005）以公司上市后所有权分散的视角，研究分析由于外部股东无法深入了解公司内部信息，则对财务报告的稳健性需求增加。面对我国大股东控制的背景，私下沟通机制也较为重要。国内学者曹宇等（2005）研究表明大股东控制权与盈余稳健性呈现负相关关系，并且大股东兼任董事长也会减小稳健性。通过对会计盈余进行稳健性约束，将会减弱信息不对称等引致的道德风险，从而抑制管理层的机会主义行为和抵减管理层的判断偏差；同时，减少由于不完全契约导致的管理层对股东和债权人、股东对债权人以及大股东对中小股东的利益侵占（毛新述和戴德明，2008）。

结合我国转型时期特殊的制度背景，银行债务以及产权性质对企业稳健性有着重大影响。孙铮等（2005）研究发现债务比例高的公司其会计稳健性显著高于债务比例低的公司，并且国有控股公司的债务对稳健性的影响较小。刘凤委和汪扬（2006）也得出相似的研究观点。朱凯（2005）认为当银行贷款比例小时，民营企业的稳健性显著大于国有企业，但随着银行贷款比例的不断增加，两类企业的会计稳健性无显著差异。何贤杰等（2008）经过深层次探究认为，政策性贷款是导致国有银行对国有企业和非国有企业贷款规定不同的主要原因，对于没有政府干预或干预较少的贷款，银行对两类企业稳健性的规定无区别；政府提升金融资产质量的政治压力以及向非国有企业提供贷款潜在的政治成本，迫使国有银行为了防范贷款风险不得对非国有企业要求更加严格的会计稳健性标准。

（2）会计稳健性与债务契约调整。

有学者探讨了在满足债权人稳健性需求的过程中财务报表稳健性和契约调整之间的关系。以此作为切入点，会计稳健性的债务契约价值展开了激烈辩论。一种观点指出，财务报表稳健性并非增强债务契约效率的唯一方式，债权人也可对特定企业签订稳健的债务契约条款，如净值契约（在确定契约条款时将一部分收益排除在外），进而满足其稳健性要求。Guay and Verrecchia（2006）进行了相关归纳与总结，强调"人们须阐明根据一般公认会计原则签署契约比针对单个企业拟订特殊协议或进行契约调整更加有效的原因"，研究认为通过债务契约本身的调整来实现债权人对稳健性的要求，不必改变企业财务报表的稳健性。另一种观点指出，完全凭借契约调整难以实现债权人的稳健性需求。Beatty et al.（2008）直接针对 Guay and Verrecchia（2006）产生的质疑进行回应，探讨了财务报表稳健性和契约调整在满足债权人稳健性需求的过程中发挥的作用；结果表明完全依靠契约调整难以满足债权人的稳健性需求，因此财务报表稳健性能够促使债务契约的完善。

按照契约理论，会计稳健性有助于投资者更好地行使契约权力（Tirole，2006）。Ahmed and Duellman（2007）实证结果表明，会计政策稳健的公司其现金流和毛利较高，且特别项目冲销的金额较少，会计稳健性降低了高管投资决策的代理成本。Lafond and Watts（2008）研究表明，会计稳健性削弱了管理层进行会计盈余的动机和能力，通过缓解信息不对称提升公司的估值水平，这表明会计稳健性对投资者来说有着重要的保护效应；债务契约调整还迫使管理层在投资决策前放弃净现值为负的项目，投资决策后尽早放弃亏损投资，因此增强了债务契约效率与报酬契约效率。

2.3.2 会计稳健性与债务融资

债务契约是会计稳健性形成的根本原因（杨华军，2007），稳健性对债务融资方面的经济后果引发学者们的广泛关注。

（1）从债务融资成本视角分析，Ahmed et al.（2002）首次实证检验会计稳健性对债务融资的作用，研究指出稳健性随着债权人和股东在股利政策方面的冲突而显著提高，同时会计稳健性与债务资本成本呈显著负相关。Ahmed and Duellman（2007）采用美国上市公司作为研究样本，研究发现会计稳健性较强的公司可获得的债务评级较高，且取得的银行贷款利率较低，通过降低代理冲突和代理成本使公司的债务成本减小。Zhang（2008）在此基础之上对 Ahmed et al.（2002）研究进一步修正，选择准确合理的稳健性和债务成本衡量指标，研究发现稳健的债务人更易违背债务契约，债权人将会给稳健的债务人更低的贷款利率，因此得出稳健性增加债务契约效率的结论。Lafond and Watts（2008）重点强调会计稳健性促使股东和利益相关者的信息不对称性减弱，同时公司管理层操纵会计数据的动机和能力降低，有利于降低债权人对公司利率水平的要求，即减少公司的债务融资成本。Göx and Wagenhofer（2009）指出会计稳健性有助于公司获取外部债务融资。Chen et al.（2010）认为如果公司采用更高的会计稳健性政策，公司从外资银行获得贷款的金额会增加，利率水平也会降低。

Nikolaev（2010）研究指出，会计稳健性增强公司债务契约水平主要体现在三个方面：一是倘若公司发生意外，债权人可以及时地执掌企业决策权；二是凭借在债务契约中添加保护性或限制性相关条款，有助于削弱债权人和股东之间产生的代理冲突；三是强化企业债务契约中保护性或限制性条款信号传递功能的发挥。Petruska and Wakil（2013）实证检验了稳健的会计政策能够降低债务人的信用风险，伴随着市场信誉度不断提高，公司更易取得较低利率的贷款，且信誉良好的公司以后由于难以偿还贷款而与债权人产生矛盾的可能性减小，这种情况下银行降低了对企业的具体要求，从而降低公司的融资成本。Beng et al.（2017）强调条件稳健性与债务融资呈显著负相关关系。Moerman（2008）以稳健性对二级贷款市场买卖价差的影响这一视角，考察会计稳健性在债务融资中的效用，研究发现若会计稳健性使知情交易者的信息优势降低，则银行贷款的买卖价差也降低，这体现出无论在统计还是经济方面稳健性对贷款买卖价差的影响都是显著的。国内研究方面，孙铮等（2006）指出会计信息是企业财务状况和经营成果的综合反映，债务契约签订的大部分限制性条款以会计信息作为基础，这有利于降低债务契约的执行成本与监督成本，而作为会计信息质量重要保证的稳健性必然对债务融资产生影响。会计稳健性的经济后果具有定价、治理和投资者保护功能（张宏亮，2009），毛新述和戴德明（2008）从理论角度发现会计稳健性能够改善公司的盈余质量，且有助于对投资者进行保护。毛新述（2009）研究表明会计稳健性与公司债务资本成本显著负相关；会计稳健性通过传导机制——债务融资成本影响公司的融资效率。刘嫦和袁琳（2010）实证检验了在公司再贷款业务中会计稳健性拥有的经济影响，研究结论表明会计信息稳健性与公司再贷款概率呈显著正相关，同时良好的银企关系使稳健性会计需求降低。刘文军（2014）强调会计稳健性在银行契约中的积极作用，国有企业和非国有企业的会计稳健性与银行贷款利率显著负相关；会计稳健性与银行贷款所需担保显著负相关。

（2）从债务融资期限结构视角分析，期限结构理论认为债务期限结构是风险程度的函数，即债权人关于违约风险的预测判断对贷款期限产生直接影响（Diamond，1991）。会计信息作为债权人判断违约风险的关键信息来源，其质量决定债权人对会计信息的信赖程度，高质量会计信息将提升债权人对信贷风险定价模型的信赖。相反，当缺少高质量的会计信息时，债权人面对债权价值的不确定性，只能通过更为严格的契约条款保护自身利益。与此同时，债权人将选择债务期限结构的方式保护自身利益，促使债务契约中的代理冲突减少（Braclay and Smith，1995；Stohs and Mauer，1996）。短期借款方面，债权人重点关注企业的短期偿债能力，由于未来不确定性较小，其对会计信息特别是盈利信息的要求较少；而长期借款方面，债权人面临的不确定性较大，其必须掌握详细的信息进行信贷决策，这将保证企业未来有大量的现金偿还到期贷款，故债权人对会计信息质量依赖程度相对较高。现阶段，我国制度环境不健全引发的债务违约风险随着债务期限的延长而扩大。稳健的会计处理增强了企业的盈利质量与资产质量，有利于未来现金流不确定性和风险的降低。同时，会计稳健性增强了债权人利用会计信息监控信贷风险的信心，通过保护债权人的利益获得其信任。当企业的会计稳健性能够有效保障债权人的权利时，债权人无须采用缩短债务期限的方式降低违约风险，其愿意接受期限较长的债务，进而为会计稳健性程度高的企业发放长期贷款（Elyasiani et al.，2002）。

国内学者陶晓慧和柳建华（2010）认为在非国有上市公司中，会计稳健性的提高能够获取更多的长期负债，这种关系在国有上市公司中不存在；地区金融发达程度能够减弱稳健性对长期债务比重的影响。同时，考察了会计稳健性和信贷决策两者的关系，研究发现会计稳健性加强了会计信息和信贷决策失误的负相关关系，即会计稳健性显著增加会计信息的信贷决策有用性。饶品贵和姜国华（2011）研究指出，会计稳健性与企业贷款规模具有正相关关系，并且越稳健的企业取得的长期贷款规模越大。

（3）从债务融资来源结构视角分析，在公司债券方面，Sengupta（1998）研究认为，信息披露质量和公司债券融资成本具有负相关关系，即公司的信息披露质量越高，其债券发行成本越小。完善而有效的治理机制是公司保持基业长青的基本前提，治理机制越健全，公司债券的信用利差越小（Bhojraj and Sengupta，2003）。Duffie and Lando（2001）将不对称信息引入公司债券信用风险定价中，不同于传统的结构化信用风险定价模型，信息不对称使投资者对公司价值形成不同的解释，因此投资者对信用利差期限结构的预期也存在差异。为了更加精确地描述信息不对称，一些学者深入探讨了信息不对称的量化指标。Yu（2005）采用会计信息披露质量指标作为财务信息透明度的衡量标准，实证检验财务信息质量与公司债券信用利差两者之间的关系。研究认为，较高财务透明度公司的信用利差较低，对于短期债券更是如此。会计信息的缺失导致外部投资者难以对公司价值进行准确判断，以及无法预测债券利差的期限结构形状，然而此结论却提高了短期债券信用利差的解释力度（Duffie and Lando，2001；Yu，2005）。会计信息披露可以削弱公司与投资者两者的信息不对称程度，投资者准确地预估公司未来现金流降低了投资决策风险，从而投资者减少对公司债券的定价（Amir et al.，2010）。Defond and Zhang（2011）研究认为公司债券价格对坏消息的反应速度显著快于好消息，特别对于存在潜在违约风险的投机级公司债券，这种情况下投资者对坏消息的反应速度更加及时。信息不对称将引发公司债券的信用利差增加（Yu，2005；Liao et al.，2009），并且信息不对称程度越深，公司债券的信用利差就越大（周宏等，2012）。

随着我国金融市场的不断发展，债券俨然成为融资市场中不可缺少的金融工具。我国债券市场发展相对滞后，发债者和投资者的信息不对称问题使债券的信用风险难以揭示，而会计稳健性能够帮助投资者合理正确评估企业风险，进行债务融资以及估值方面的决策。施丹（2012）较早进行了会计信息有用性对公司债券市场的深层次剖析，研究得到会计信息（特别是财务信息）有用性在债券市场中的有关证据。作为影响债券定价关键要素的会计信息，对于合理预估以及纠正债券定价具有重大作用，也有助于债券市场的稳定健康发展。高质量的会计信息可以减小信息不对称程度，有助于外部投资者利用会计信息进行决策，也降低了投资者的决策风险，则高质量的会计信息得到整个资本市场的认可。债券市场作为资本市场主要组成部分必将重视与运用高质量的会计信息。企业的会计信息质量越高，其债券融资成本就越低（朱松，2013）。会计信息质量作为一种向市场传递积极信号的作用机制，将对公司债券的定价起到重大影响；与会计信息质量较差的公司相比，会计信息质量较好公司的债券拥有较低的信用利差（方红星等，2013）。周宏等（2014）研究进一步将债券市场中的信息问题分成一级市场的信息不确定与二级市场的信息不对称，并且两者都能导致风险溢价。为了缓解由于信息不对称形成的较高融资成本，企业倾向于构建声誉机制以及披露会计信息等方法。基于当前转型市场的不完备，公司债券定价不可避免地存在信息不对称问题。然而，会计信息通过提供稳健和及时的信息能够有效缓解债券定价中的信息不对称性问题，所以会计信息披露是影响公司债券定价的重要因素（王博森和施丹，2014）。企业的会计信息质量是评级机构进行评级意见的关键参照标准，即发行债券企业的财务状况与经营业绩对信用等级具有直接影响；若企业的会计信息质量较高，企业易于获取较高的信用等级以及市场认可，所以企业的债券融资成本降低（陶雄华和曹松威，2017）。

在商业信用方面，Burkart and Ellingsen（2004）研究认为，与银行相比，企业和供应商的商业合作越持久，供应商对企业的经营活动、财务状况和行业竞争等信息掌握越多，此时拥有信息优势的供应商允许企业延迟付款或承诺更低的付款方式，这形成了企业的商业信用融资。在企业与供应商的购销关系中，由于存在利益相关者的隐性承诺，企业可能会进行盈余管理，导致信息不对称程度增加以及会计信息质量降低（Bowen et al.，1995）。供应商为了降低不实财务报告信息对商业信用模式带来的负面影响，会增加对会计稳健性的需求，其商讨能力也有效提高了企业的稳健性水平（Hui et al.，2012）。在商业信用融资过程中，供应商也会像银行债权人一样，通过企业的经营业绩进行监督，由此做出准确及时的信贷政策调整（陈运森等，2010）。企业的盈余管理动机可能影响供应商对企业未来经营的预期（Raman and Shahrur，2008），而财务信息质量的高低通过影响企业与供应商两者的信任合作关系，最终影响企业获取商业信用的融资能力（郑军等，2013）。Hui et al.（2012）研究指出，在商业活动交易中，不管是正常的购销关系，还是具有替代性的商业信用融资，供应商或客户对企业的会计信息都有稳健性、可靠性的质量要求。徐虹等（2013）研究认为信息劣势方的供应商通过会计稳健性能够获取企业的"硬性"信息，并且这些信息可以监督和约束企业现在和未来的"软性"信息，企业同供应商建立的信息关系能够使其取得低成本的商业信用；进一步研究发现，在商业信用交易中，会计稳健性与内部控制两者之间存在替代关系。

（4）未证实会计稳健性对债务融资的负相关关系。Poorheydari and Ghafarloo（2011）探讨了公司融资和暂时性会计稳健性改变的关系，研究发现通过长期债务进行融资的公司，在融资期间以及融资前不会减弱稳健性水平，债务融资与会计稳健性没有显著关联性。甚至有学者持有相反观点，企业较低的会计稳健性才能促进债务契约效率的提高以及债务融资成本的降低（Sunder et al.，2009）。Gigler et al.（2009）在剖析稳健性对债务契约效率影响时，分别运用条件稳健性与非条件稳健性两种计量方法，都未得出会计稳健性促进债务融资效率的结论，从而认为会计稳健性的警报作用可能是一种假象。李琳（2010）研究发现，由于我国债权人对会计稳健性的需求以及判别程度不够，稳健性高的会计信息不能获得补偿，会计稳健性反而增加了债务成本，这与学术界已存观点不一致。张淑英和杨红艳（2014）通过考察会计稳健性、资本成本与企业价值的关系，未验证出会计稳健性水平对企业债务成本的负相关关系，却认为会计稳健性直接对企业的价值产生影响。李争光等（2017）选取我国 2007～2014 年上市公司为考察对象，以 C - Score 模型计量公司的稳健性程度，实证检验会计稳健性对债务融资成本的正向作用。会计稳健性在达到最优水平前能够保护投资者的利益，提高公司的价值；当会计稳健性超过最优水平后将会降低其作用机制，不能充分发挥提高契约效率的作用，甚至可能损害公司的价值（牛建军和王立彦，2006）。公开信息披露也可能导致竞争者攫取企业的专有化信息，产生潜在的信息披露成本，这使企业在信息披露成本和信息披露收益两者之间进行权衡（Dhaliwal et al.，2011）。因此，只有根据会计稳健性的收益和成本度量出最优的稳健性程度，才能使其效用达到帕累托最优。

（5）会计稳健性分类与债务融资。代理问题是影响资源配置效率的关键因素，为了缓解信息不对称性问题，投资者需要稳健的会计信息（Lafond and

Watts，2008）。Hui et al.（2009）认为会计稳健性与自愿性信息披露呈显著负相关关系，会计稳健性使外部投资者对坏消息的需求降低，进一步支持了Lafond and Watts（2008）的假设，这些表明会计稳健性通过向投资者传递有价值的信息缓解了代理问题。然而，一些学者的研究结论与之相反，Chan et al.（2009）研究认为条件稳健性增加了企业的权益资本成本，并且发现管理层的"大洗澡"行为是导致此种现象的主要原因。Balachandran and Mohanram（2011）的观点也证实了非条件稳健性损害了会计信息的价值相关性。

　　理论与实证的进一步研究，将会计稳健性分为条件稳健性和非条件稳健性，对比分析两者不同的作用机制。Ball and Shivakumar（2005）以条件稳健性与非条件稳健性为视角做出解释，条件稳健性与非条件稳健性对论证稳健性和公司契约效率的影响十分重要，其中，条件稳健性通过及时确认当期损失，能够引发违约并且将控制权转移到债权人，从而为债权人权益提供了保证。然而，非条件稳健性具有低估所有者权益的倾向，在决策时，理性投资者将凭借低估的比例进行反转，倘若比例难以预估，就会造成其决策的随意性，从而使契约效率降低。因此，对契约层面而言，会计稳健性的具体分类研究具有重大意义。Bauwhede（2007）进一步将稳健性分为条件稳健性和非条件稳健性，研究发现条件稳健性通过提高企业的信用评价等级，有助于债务融资成本的减少；然而，非条件稳健性对企业的信用评价等级增加了债务融资成本。国内对于会计稳健性的分类研究相对较少，罗斌元（2014）将会计稳健性分为条件稳健性和非条件稳健性，研究发现条件稳健性依靠融资约束与代理问题两条路径，可有效提高企业的投资效率；而非条件稳健性却使企业的投资效率降低。由此可得，会计稳健性并不总是可以缓解代理问题，还可能沦为管理层进行利润操纵的工具。相反，张金鑫和王逸（2013）认为会计稳健性能够有效缓解公司的融资约束，与条件稳健性相比，非条件稳健性的这种关系更加显著。上述主要研究只是以"大洗澡"视角论证了会计稳健性的负面作用，然而并未探讨两类不同稳健性的相关关系对企业的治理效应。其实，Beaverand Ryan（2005）首次研究了两类会计稳健性的相关关系，条件稳健性与非条件稳健性主要体现出替代关系。较低资产负债表稳健的企业具有较高的盈余稳健（Pae et al.，2005）。因此，有必要在已有研究文献的基础上，深入探究两类会计稳健性对企业债务融资的不同影响机制。

2.4 文献评述

（1）金融关联对债务融资经济后果的研究结论尚未统一，金融关联对债务融资的收益观认为企业与金融机构建立紧密联系能够降低信息不对称程度，获取的资金可以缓解融资约束以及提高债务融资水平。金融机构对企业的经营活动产生重大影响，不但为企业提供金融资源，还监管其生产经营活动。对外部投资者而言，金融关联的构建向投资者传递企业积极的信号，降低了信息不对称程度与投资风险，从而保护外部投资者的利益。区别企业金融关联根本动机的制度性差异，结合宏观经济政策和微观制度环境等多种因素进行全面研究。

通过对现有文献的系统梳理，发现金融关联对债务融资的影响集中在银行信贷方面，很少涉及关联关系对公司债券和商业信用的作用机制。通常情况下，西方财务理论隐含了债务同质性假设，但此假设对于我国企业的债务融资研究并非适用。银行贷款是我国企业债务融资的最重要方式；相对银行贷款，公司债券在企业债务融资中所占比例较小，但随着债券市场的不断发展，公司债券也在企业债务融资中发挥着作用；作为经营性负债的商业信用为大多数企业提供了短期融资方式。为了深入研究金融股权关联对债务融资结构的影响，有必要突破以往对企业债务融资研究的局限性，区分不同债务融资来源的作用机理，从而更好地揭示金融股权关联对债务融资结构之间的关系，这也正是本书的研究主题。

在实证研究方面，大部分文献对于金融股权关联的度量采取虚拟变量，然而连续变量不但可以比较企业与金融机构是否具有紧密联系，即持股金融机构形成密切关联的企业债务融资的差异，还可以对比不同金融联系紧密程度的企业的债务融资差异，更加深刻明晰了金融股权关联对企业债务融资的影响。本书试着在金融股权关联计量方法上进行改进，更加深入剖析金融资本作用于实体企业的影响机制。此外，现有文献对企业债务融资的数据样本未进行细分，本书进行手工搜集与整理企业每笔银行贷款的数额、利率和期限，有助于提高研究结论的可靠性与准确性，进一步保证了较高的研究准确性。

（2）作为会计信息质量特征之一的会计稳健性，也是财务报告的一项重要会计惯例，然而在理论和实践中一直饱受争议。如实反映观认为会计稳健性对资产和收益以及负债和费用采用不同的确认标准加深了信息不对称程度，外部投资者无法形成准确的判断及决策，进而削弱债务契约的有效性（Guay and Verrecchia，2006）。公司治理观却认为会计稳健性具有契约作用与治理职能，通过降低信息不对称程度以及缓解代理问题，能够为投资者提供对决策有用的信息（Watts，2003），从而不应否认会计稳健性具有的契约和治理作用。会计稳健性促进企业及时向利益相关者传递信号，通过缓解信息不对称矛盾以及降低代理成本，为债权人利益提供了合理保障（Lafond and Watts，2008）。

债务融资作为稳健性经济后果的重要表现，能够提升企业取得外部债务融资的机会、降低融资成本和提高融资效率（张敦力和李琳，2011），这直接印证了稳健性提升企业债务融资水平的优点。我国会计准则的制定、实施与国际标准趋同是大势所趋，虽然公允价值计量也是企业的主要计量模式，但是企业的会计处理应该充分体现会计稳健性原则。在发展资本市场和保护企业中小股东的利益方面，企业贯彻会计稳健性尤为重要，这也为会计信息质量有效监管提供了关键性的证据。已有学者进行了会计稳健性与企业债务融资的有关研究，但并未得到统一的研究结论，本书尝试从理论与实证两个方面对这一话题做出深入探究，补充现有文献的研究不足，从而为我国资本市场的债务融资提供有益的经验证据与参考价值。当前，会计稳健性对债务融资的研究并未区分条件稳健性和非条件稳健性的作用机制，本书将会计稳健性分为条件稳健性和非条件稳健性，分别考察两者对债务融资影响效果的差异。此外，已有文献的研究结论不仅与研究视角和基础理论等密切相关，还可能和选取的衡量会计稳健性方法不同有关，应该立足我国现实基本国情和企业具体实际情况选取合适的计量方法，这些问题也为本书的研究提供了契机。

（3）金融关联对债务融资的影响、会计稳健性对债务融资的影响已经取得相关研究成果，然而现有研究并未考虑债务融资结构内在机理的异质性，缺少对不同类型债务融资结构影响差异的深层次剖析。同时，鲜有文献提及金融关联与会计稳健性两者的关系。最重要的是很少有学者探究金融关联与会计稳健性对债务融资的交互影响。债务融资行为涉及企业的多个层面，金融股权关联和会计稳健性对企业的融资行为影响既存在联系又有所区别，两者对债务融资具有互补关系抑或替代关系，对债务融资规模、债务融资成本和债务融资结构的影响是否存在差异，这些问题有待进一步探讨。我国的债务融资具有自身的特性——银行是债务资本的主要提供者，公开债务市场发展较慢。一些理论研究与实证结果是基于发达国家的资本市场环境背景，是否适应我国转型资本市场制度环境需要进一步验证，则我国转型时期的制度背景为金融股权关联、会计稳健性与债务融资的研究带来新的机遇。

第3章

制度背景

融资环境作为债务市场的重要经济制度背景,能够直接或者间接地影响公司的债务融资行为。我国目前正处于经济转型的特殊阶段,有必要梳理出我国债务融资的基本情况。首先,深入分析了我国上市公司债务融资的特征,并且以产权性质为视角,探讨国有上市公司和非国有上市公司在债务融资中的异质性;其次,根据债务融资的来源,分别研究金融体系中的银行市场、债券市场和商业信用市场三个方面的制度背景;最后,基于会计稳健性的视角,分析我国会计制度变迁对稳健性影响的制度背景。

3.1 我国上市公司债务融资特征

3.1.1 我国上市公司债务融资总体特征

以国泰安数据库中的2007~2016年沪深两市A股主板上市公司作为初始样本,剔除金融行业公司和ST公司,最终确定有效观测值12952个。表3-1列示了我国上市公司债务融资的总体状况,具体指标包括资产负债率、流动负债比率、长期负债比率、银行贷款比率、商业信用比率和应付债券比率。由表3-1可知,2007~2016年我国上市公司资产负债率的平均值为52.96%,超过一半,表明上市公司以债务融资作为其融资过程中的主要方式。从时间方面来看,资产负债率从2007年开始呈现出平稳趋势,在2009年达到最高值后出现下降的趋势。从债务期限结构角度分析,流动负债比率的10年平均值为80.27%,并且2007~2016年波动不大,呈现出比较平稳的状态。相对于占主导地位的流动负债,长期负债比率的 10 年平均值仅为 19.72%,这充分反映了我国大部分上市公司对于期限短、流动性强的短期负债的偏好,同时也说明我国上市公司债务融资的期限结构存在失衡的问题。然而,从整体趋势来看,流动负债比率呈现小幅度下降趋势,长期负债比率出现上升的态势,这表明随着金融市场的发展,上市公司会通过调整债务期限结构来完善资本结构。从债务来源结构角度分析,我国上市公司融资中的主要来源是银行贷款和商业信用,10 年平均值分别为 33.37% 和 33.00%。从 2007 年开始,银行贷款比率最大,但整体上却呈现出下降的态势。尤其在 2008 年由于受到金融危机的影响,上市公司的银行贷款比率下降较大。2012 年,整体上呈上升趋势的商业信用比率超过银行贷款比率,成为上市公司债务融资中的最大来源。一方面,这可能是因为银行通过商业化改革增强了风险意识,导致银行信贷的有限性;另一方面,这也表明当公司经营规模不断扩大而债务融资途径单一时,上市公司将会寻求商业信用融资。应付债券比率 2007~2016 年虽然体现出稳步上升的状态,但是相比银行贷款比率和商业信用比率,应付债券比率很低,2016 年达到最大值为 4.45%,表明我国上市公司很少以公司债券的方式进行债务融资。

表 3-1　　　　　我国上市公司债务融资总体特征　　　　单位:%,个

全样本	资产负债率	流动负债比率	长期负债比率	银行贷款比率	商业信用比率	应付债券比率	样本数量
2007 年	55.15	84.18	15.79	39.39	29.38	0.58	1203
2008 年	55.11	83.94	16.04	38.96	30.52	0.90	1205
2009 年	55.55	80.64	19.34	36.75	30.48	1.52	1208
2010 年	55.04	80.20	19.80	34.21	31.17	1.76	1232
2011 年	54.58	80.39	19.61	33.24	32.53	2.73	1258
2012 年	53.78	79.11	20.89	32.43	34.69	4.11	1279
2013 年	52.69	78.81	21.19	32.49	33.96	4.15	1283
2014 年	51.73	78.39	21.61	30.54	34.67	4.18	1339
2015 年	49.23	78.33	21.66	29.35	34.91	4.29	1408
2016 年	46.70	78.73	21.27	26.34	37.68	4.45	1537
均值	52.96	80.27	19.72	33.37	33.00	2.87	1295

注:资产负债率是指负债总额/资产总额;流动负债比率是指流动负债/负债总额;长期负债比率是指长期负债/负债总额;银行贷款比率是指(短期借款+长期借款)/负债总额;商业信用比率是指(应付账款+应付票据+预收账款)/负债总额;应付债券比率是指应付债券/负债总额。各指标是指上市公司各指标的年度平均值。

基于产权性质的视角,将全部上市公司分为国有上市公司和非国有上市公司,具体分布情况如表3-2所示。由表可得,国有上市公司所占比例较大,但2007~2016年国有上市公司的所占比例表现出逐年下降的趋势。相反,非国有上市公司的数量不断增加,随着时间的推移,非国有上市公司的所占比例由2007年的31.50%增加到2016年的46.52%,增长幅度为15.02%,表明我国上市公司的产权性质发生了变化。

表3-2　　　　　基于产权性质我国上市公司的分布情况　　　　单位:个,%

年份	全部样本	国有样本		非国有样本	
	样本数量	样本数量	所占比例	样本数量	所占比例
2007	1203	824	68.50	379	31.50
2008	1205	828	68.71	377	31.29
2009	1208	824	68.21	384	31.79
2010	1232	835	67.78	397	32.22
2011	1258	822	65.34	436	34.66
2012	1279	822	64.27	457	35.73
2013	1283	815	63.52	468	36.48
2014	1339	816	60.94	523	39.06
2015	1408	812	57.67	596	42.33
2016	1537	822	53.48	715	46.52

注:所占比例是指各类产权性质的上市公司占对应总体样本的比例。

从产权性质的角度分析我国上市公司债务融资总体状况,国有上市公司的资产负债率2007~2016年整体上呈现稳定状态,浮动区间为51.05%~55.01%。相反,非国有上市公司的资产负债率在样本期间一直处于下降态势,波动幅度较大,2013年下降到50%以下,反映出非国有上市公司存在融资短缺的现象。从债务期限结构角度分析,国有上市公司和非国有上市公司流动负债比率的10年平均值分别为78.43%和83.47%,并且在样本期间波动较小,表明在债务融资过程中,短期债务对于国有上市公司和非国有上市公司都具有绝对优势。国有上市公司和非国有上市公司长期负债比率的10年平均值分别为21.57%和16.52%,说明相对于非国有上市公司,国有上市公司更容易获得长期债务融资。从债务来源结构角度分析,无论是国有上市公司还是非国有上市公司,银行贷款和商业信用都是上市公司融资中的两大主要来源。国有上市公司和非国有上市公司的应付债券比率很低,均值分别为3.27%和2.24%,但两类上市公司的应付债券比率2007~2016年逐渐增加,且国有上市公司的增幅高于非国有上市公司(见表3-3)。

表3-3 基于产权性质的我国上市公司债务融资总体特征 单位:%,个

国有样本	资产负债率	流动负债比率	长期负债比率	银行贷款比率	商业信用比率	应付债券比率	样本数量
2007年	52.85	83.12	16.85	39.64	29.68	0.74	824
2008年	53.79	82.67	17.33	39.67	31.08	1.00	828
2009年	54.45	78.97	21.00	37.38	31.07	1.72	824
2010年	54.20	78.34	21.66	34.72	31.78	2.00	835
2011年	55.01	78.61	21.39	33.75	32.85	3.06	822
2012年	54.63	77.60	22.40	33.11	34.84	4.37	822
2013年	54.22	77.16	22.84	32.89	34.00	4.44	815
2014年	53.91	76.29	23.71	30.80	34.09	4.83	816
2015年	52.37	75.55	24.45	30.17	34.19	5.17	812
2016年	51.05	75.95	24.05	27.88	35.78	5.38	822
均值	53.65	78.43	21.57	34.00	32.93	3.27	822
非国有样本	资产负债率	流动负债比率	长期负债比率	银行贷款比率	商业信用比率	应付债券比率	样本数量
2007年	70.63	86.49	13.47	38.83	28.73	0.25	379
2008年	66.68	86.76	13.20	37.43	29.29	0.68	377
2009年	66.86	84.24	15.76	35.39	29.22	1.11	384
2010年	65.19	84.13	15.87	33.14	29.89	1.28	397
2011年	58.92	83.76	16.24	32.28	31.95	2.10	436
2012年	55.82	81.84	18.16	31.20	34.42	3.65	457
2013年	49.94	81.70	18.30	31.78	33.90	3.64	468
2014年	48.67	81.69	18.31	30.15	35.58	3.19	523
2015年	44.82	82.12	17.84	28.23	35.91	3.13	596
2016年	41.68	81.94	18.06	24.58	39.87	3.39	715
均值	56.92	83.47	16.52	32.30	32.88	2.24	473

注:资产负债率是指负债总额/资产总额;流动负债比率是指流动负债/负债总额;长期负债比率是指长期负债/负债总额;银行贷款比率是指(短期借款+长期借款)/负债总额;商业信用比率是指(应付账款+应付票据+预收账款)/负债总额;应付债券比率是指应付债券/负债总额。各指标是指上市公司各指标的年度平均值。

3.1.2 我国上市公司债务融资具体特征

根据债务来源不同,将公司的债务融资分为银行贷款、公司债券和商业信用。这三种债务融资方式对公司的融资规模和成本产生重要影响,因而在我国上市公司债务融资具体特征分析中对其进行展示。

(1) 我国上市公司银行贷款特征。

在债务融资过程中,不是所有上市公司都具有银行贷款的渠道,表3-4列示了我国上市公司银行贷款是否为0的分布情况。由表可知,2007~2016年总体样本有10.72%的上市公司债务融资中没有银行贷款。同时,样本期间没有银行贷款的上市公司数量整体上呈现上升趋势,所占比例由2007年的6.48%上升到2016年的16.07%,反映了越来越多的上市公司为了筹集资金采用银行贷款以外的债务融资方式。进一步分析,国有上市公司和非国有上市公司没有银行贷款的所占比例均值分别为8.76%和13.89%,波动区间分别为5.95%~11.31%和7.65%~21.54%。因此,总体样本中没有银行贷款的上市公司数量逐渐增加,主要原因是受到非国有上市公司的影响。银行惜贷现象存在,但相对于非国有上市公司,国有上市公司更易取得银行贷款。

表3-4　　　　　我国上市公司银行贷款的分布情况　　　　　单位:个,%

年份	全样本				国有样本				非国有样本			
	为0		不为0		为0		不为0		为0		不为0	
	数量	比例	数量	比例	数量	比例	数量	比例	数量	比例	数量	比例
2007	78	6.48	1125	93.52	49	5.95	775	94.05	29	7.65	350	92.35
2008	97	8.05	1108	91.95	55	6.64	773	93.36	42	11.14	335	88.86
2009	108	8.94	1100	91.06	71	8.62	753	91.38	37	9.64	347	90.36
2010	132	10.71	1100	89.29	78	9.34	757	90.66	54	13.60	343	86.40
2011	140	11.13	1118	88.87	75	9.12	747	90.88	65	14.91	371	85.09
2012	150	11.73	1129	88.27	78	9.49	744	90.51	72	15.75	385	84.25
2013	134	10.44	1149	89.56	69	8.47	746	91.53	65	13.89	403	86.11
2014	144	10.75	1195	89.25	75	9.19	741	90.81	69	13.19	454	86.81
2015	182	12.93	1226	87.07	77	9.48	735	90.52	105	17.62	491	82.38
2016	247	16.07	1290	83.93	93	11.31	729	88.69	154	21.54	561	78.46
均值	141	10.72	1154	89.28	72	8.76	750	91.24	69	13.89	404	86.11

注:比例是指银行贷款为0或不为0的上市公司占对应总体样本的比例。

通过分析表 3-5 可知，总体样本中起初上市公司的银行借款以短期借款为主，反映出上市公司对于期限短、流动性强的短期借款偏好。随着时间的推移，上市公司的短期借款和长期借款并驾齐驱，整体上短期借款呈现上升趋势而长期借款却出现下降趋势，造成这种状况可能与非国有上市公司的银行贷款结构有关。进一步根据产权性质分析，2007~2016 年非国有上市公司短期借款和长期借款所占比例均值分别为 57.43% 和 42.57%，则非国有上市公司的银行贷款以短期借款为主要融资方式。相反，国有上市公司不管是平均值还是时序方面都以长期借款为主，且样本期间内国有上市公司的长期借款增幅整体上高于非国有上市公司，表明国有上市公司比非国有上市公司在长期借款方面更具有融资优势。

表 3-5　　　　　　我国上市公司银行贷款特征　　　　　　单位：%，个

年份	全样本			国有样本			非国有样本		
	短期借款	长期借款	样本数量	短期借款	长期借款	样本数量	短期借款	长期借款	样本数量
2007	52.60	47.40	1125	49.75	50.25	775	67.12	32.88	350
2008	51.64	48.36	1108	49.04	50.96	773	65.42	34.58	335
2009	44.77	55.23	1100	42.59	57.41	753	56.95	43.05	347
2010	45.07	54.93	1100	42.97	57.03	757	55.58	44.42	343
2011	47.43	52.57	1118	45.39	54.61	747	57.54	42.46	371
2012	48.88	51.12	1129	46.63	53.37	744	55.76	44.24	385
2013	47.59	52.41	1149	45.52	54.48	746	54.14	45.86	403
2014	46.04	53.96	1195	43.29	56.71	741	55.64	44.36	454
2015	45.71	54.29	1226	42.41	57.59	735	55.48	44.52	491
2016	45.03	54.97	1290	43.13	56.87	729	50.66	49.34	561
均值	47.48	52.52	1154	45.07	54.93	750	57.43	42.57	404

注：银行贷款特征比例是指对应的会计科目占银行贷款总额的比例。

（2）我国上市公司公司债券特征。

债务融资过程中，仅有一部分上市公司会发行公司债券，表 3-6 列示了我国上市公司公司债券不为 0 的分布情况。由于我国债券市场一直处于低迷状态，上市公司应付债券的所占比例很低，2007~2009 年发行债券的上市公司数量占总体样本数量的比例还不到 10%。然而，2010~2016 年样本期间应付债券所占比例整体上呈现出上升态势，并且展现出较强的增长趋势。根据产权

性质深入剖析，国有上市公司与非国有上市公司的应付债券所占比例平均值分别为21.18%和12.97%，说明以发行债券为融资方式的国有上市公司数量多于非国有上市公司。从时序方面来说，总体上国有上市公司与非国有上市公司的应付债券所占比例均为上升的状态，但国有上市公司应付债券所占比例明显高于非国有上市公司。尽管最近几年我国债券市场活跃度提高，但与银行贷款和商业信用债务融资相比，公司债券融资所占比例还是较低。因此，通过发展公司债券市场拓宽上市公司的债券融资渠道是有必要的。

表3-6　　　　　我国上市公司公司债券的分布情况　　　　　单位：个，%

年份	全样本			国有样本			非国有样本		
	公司数量	样本数量	所占比例	公司数量	样本数量	所占比例	公司数量	样本数量	所占比例
2007	50	1203	4.16	44	824	5.34	6	379	1.58
2008	74	1205	6.14	60	828	7.25	14	377	3.71
2009	120	1208	9.93	97	824	11.77	23	384	5.99
2010	145	1232	11.77	113	835	13.53	32	397	8.06
2011	215	1258	17.09	166	822	20.19	49	436	11.24
2012	309	1279	24.16	220	822	26.76	89	457	19.47
2013	329	1283	25.64	236	815	28.96	93	468	19.87
2014	355	1339	26.51	251	816	30.76	104	523	19.89
2015	400	1408	28.41	275	812	33.87	125	596	20.97
2016	409	1537	26.61	274	822	33.33	135	715	18.88
均值	241	1295	18.04	174	822	21.18	67	473	12.97

注：所占比例是指发行公司债券的上市公司占对应总体样本的比例。

(3) 我国上市公司商业信用特征。

债务融资过程中，基本上所有的上市公司都具有商业信用融资方式，商业信用包含应付账款、应付票据和预收账款。通过分析表3-7，发现应付账款在商业信用所占比例最大，10年平均值为56.63%，从时序方面看，应付账款2007~2016年一直处于稳定状态，上下波动较小。预收账款所占比例在商业信用中位于第二，样本期间平均值为26.43%，整体上波动较小。应付票据所占比例在整个样本期间均值为16.94%，总体上下波动也较小。进一步分析产权性质对商业信用的影响，在样本期间内国有上市公司的应付账款所占比例一直高于非国有上市公司，表明国有上市公司比非国有上市公司更加依赖应付账款。相反，2007~2016年非国有上市公司的应付票据所占比例一直高于国有上市公司，每年高出比例为5%左右。国有上市公司和非国有上市公司预收账款占据商业信用的比例均值分别为26.16%和27.50%，相差较小。

表3-7　　　　　　　　我国上市公司商业信用特征　　　　　　　单位:%，个

年份	全样本				国有样本				非国有样本			
	应付账款	应付票据	预收账款	数量	应付账款	应付票据	预收账款	数量	应付账款	应付票据	预收账款	数量
2007	58.56	16.62	24.83	1203	62.02	14.73	23.25	824	51.54	21.19	27.27	379
2008	57.26	18.29	24.44	1205	59.92	15.70	24.39	828	51.47	23.74	24.79	377
2009	56.42	18.87	24.71	1208	58.51	16.38	25.11	824	51.08	22.46	26.46	384
2010	56.83	17.76	25.41	1232	58.62	15.20	26.17	835	51.62	23.09	25.29	397
2011	56.95	16.50	26.55	1258	59.17	14.47	26.36	822	51.38	20.39	28.24	436
2012	53.17	15.08	31.75	1279	55.67	13.08	31.25	822	48.07	18.57	33.36	457
2013	56.94	15.57	27.49	1283	59.66	13.71	26.63	815	50.77	18.58	30.66	468
2014	57.85	17.15	25.00	1339	59.56	14.88	25.56	816	53.93	21.10	24.97	523
2015	56.35	17.39	26.25	1408	59.19	15.51	25.30	812	52.23	20.37	27.39	596
2016	55.99	16.16	27.84	1537	57.72	14.70	27.58	822	54.36	19.07	26.57	715
均值	56.63	16.94	26.43	1295	59.00	14.84	26.16	822	51.65	20.86	27.50	473

注：商业信用特征比例是指对应的会计科目占商业信用总额（应付账款+应付票据+预收账款）的比例。

3.2 金融体系改革与发展

金融体系通过其核心资源配置作用，构建出总体经济中资金需求者和资金供给者两者的关系，同时，通过调整社会中的资金不平衡促使经济资源得到有效利用，这样提高了经济社会的福利水平（白钦先和谭庆华，2006）。资金在需求者和供给者之间的调整路径，包括银行等金融机构进行的间接融资和非银行金融机构进行的直接融资。根据债务融资的来源，分别研究金融体系中的银行市场、债券市场和商业信用市场三个方面的制度背景。

3.2.1 银行体系改革与发展

1979年10月,邓小平强调银行作为革新技术以及发展经济的杠杆,须以银行成为真正的银行为前提条件,这拉开了我国银行改革的序幕。1983年9月,国务院明确了中国人民银行履行中央银行的职能并且行使金融监督管理的职责。随着中国工商银行、中国农业银行、中国银行与中国建设银行的建立,逐渐形成了四大国有银行的格局。整个金融体系也实施了多元化改革,自1986年起,交通银行、招商银行等商业性银行相继成立;信托投资公司、证券中介机构和财务公司等非银行金融机构的发展取得较大成果,使中国的金融体系改革步入新的阶段。

(1) 国有银行的商业化改革。

国有专业银行的商业化转型是我国金融体系改革的关键,1993年12月颁布的《国务院关于金融体制改革的决定》以实现政策性金融和商业性金融分离为目标,并且将商业银行作为四大国有银行的改革方向。1994年,国家开发银行、中国进出口银行和中国农业发展银行三家政策性银行建立,政策性金融机构通过贯彻国家经济政策在调整生产力结构与优化资源配置方面发挥了重要作用,进一步实现了政府组织优势与融资优势相结合。1995年通过的《中华人民共和国商业银行法》明确提出了商业银行的独立民事法律主体地位,削弱了地方政府对银行贷款的行政干预(Allen et al., 2009),这体现出我国商业银行的发展与监管具有法制性和规范性。随后,由地方财政、企业和居民投资入股的城市合作银行逐渐兴起。1998年四大国有商业银行通过剥离1.4万亿元不良资产进行了一次大规模的改革注资。中国加入世界贸易组织后,对于外资银行进入国内金融市场带来的冲击,中央于2002年召开了第二次全国金融会议,提出银行必须成为现代金融企业,金融改革的重点是国有独资商业银行的综合改革;国有独资商业银行若符合条件可改组成国家控股的股份制商业银行,若条件成熟可上市;推进政策性银行、其他商业银行和非银行金融机构的转型。为了金融行业的持续稳定发展,2003年中国银监会成立,加强了外部市场约束以及社会监督管理。同年召开的十六届三中全会主要内容包括国有商业银行的股份制改革和处置不良资产等,从而产生了新一轮的银行改革。这次金融改革无论是对于股份公司的建立还是境外投资者的引入,都显示出现代企业制度中对公司产权改革的要求，促使金融机构改革由外部放权让利和经济激励转向现代企业制度和规范产权激励。由此，我国现代银行体系基本建立，银行业摆脱了政企合一的完全垄断局面，成立了具有法人资格的商业银行以及实现上市融资，同时通过股份制改革和信用社转型，使城市商业银行和农村金融机构稳步发展，逐渐构建出股份制银行、商业银行、农商行和外资银行等的竞争格局。

政府不但是国有商业银行的所有者，更是利率管制政策的实施者。直到2013年7月，中国人民银行决定彻底放开金融机构的贷款利率管制。随着政府相关部门干预的减少，利率由借贷双方依据资金的供求关系协商而定。利率市场化是我国金融体制改革中的重要组成部分，这意味着利率定价将由货币管理部门转移到市场主体自行确定。一方面，金融机构通过运用差异化定价策略能够降低企业的融资成本，并且通过增强自主定价能力及转变经营方式来提高服务水平；另一方面，金融机构与客户协商定价拓宽了企业的融资渠道，越来越多的企业采取发行债券和股票等直接融资方式，使企业融资途径多元化以及增加中小企业融资的可得性。全面放开贷款利率管制有效促进了市场资源配置，对于金融行业改革和经济结构调整具有里程碑式的意义。

（2）民营银行的发展。

1996年，中国民生银行的成立标志着非公有制企业正式入股商业银行，突破了国有银行垄断我国银行业的格局。然而，2003年银监会以风险为由终止了民营银行的发展。直至2013年7月颁布的《关于金融支持经济结构调整和转型升级的指导意见》为民营银行发展奠定了基础，指导意见中首次强调由民间资本发起建立自担风险的民营银行，推进了金融市场中银行业的转型。为了鼓励和引导民间资本加入银行业，2015年6月，银监会发布《关于促进民营银行发展的指导意见》，进一步放宽了银行业的行政准入门槛，为民营银行的快速发展提供便利条件。随着银监会正式启动民营银行的试点工作，到2015年底已有5家民营银行完成开业。2016年10月，国家发改委颁布了《促进民间投资健康发展若干政策措施》，强调增加民营企业的直接融资方式以及减少企业融资成本的重要性，缓解了民间资本投资难和小微企业融资难的问题。由于提高了民营银行的审批速度，截至年底6家民营银行获得筹建资格。

作为商业银行性质的民营银行同国有银行、股份制银行等具有类似业务，这是对我国现代银行体系的补充与完善。与传统的大型国有银行和商业银行相比，民营银行更加具有灵活性和机动性，也存在更大的创新空间和发展空间。民营银行的设立不但解决了难以从传统金融机构获取金融服务群体的需求，还形成了与传统银行业竞争的格局。民营银行在资金规模和客户资源等方面远远不如大型银行，其根据自身特点可采取差异化的发展策略，开辟了新的金融领域。例如，为了积极响应国家"一带一路"倡议和"走出去"发展战略，上海华瑞银行已为200多家企业进行了跨境金融服务；北京中关村银行立足于科技金融，以创客、创投和创新型企业为服务宗旨，成为创业者的银行。然而，民营银行的发展基础是差异化服务和以中小企业为主要群体，这既是机遇也是挑战。由于缺少健全的监管体制，民营经济和中小企业的信用风险和资产抵押等问题较为严重，由上市公司发起的民营银行还存在关联交易的风险。

(3) 预算软约束对债务融资的影响。

预算软约束是指当经济组织陷入财务困境时，通过组织以外的帮助（财政补贴、税收减免、增加贷款和追加投资等）继续生存的经济现象（Kornai，1979）。不同于硬预算约束"优胜劣汰"的市场机制，预算软约束是导致社会主义经济普遍存在短缺现象的重要因素。社会主义制度下政府对企业的"父爱主义"及国有企业担负着政治性目标，促使政府有动力与能力解救陷入财务困境的国有企业（Lin and Tan，1999；林毅夫等，2004）。预算软约束包括预算约束体和支持体，预算约束体是指以自身的资源为限进行生产经营时不能达到收支相抵，且不能获取外部救助时无法生存的组织。预算支持体是指通过直接转移资源能够救助预算约束体的受政府控制的组织。在我国特殊的制度背景下，改革于传统计划体制的国有企业依然具有明显的预算软约束特点，例如，处于亏损状态的国有企业通过政府的支持能够获得财政或者金融方面的各种资源。预算软约束会引发严重的经济后果，管理层道德风险和银行坏账等问题都会给国有企业的债务融资治理效应带来负面影响（林毅夫和李志赟，2004）。

银行预算软约束是转型国家软预算约束最重要的经济手段。传统的社会主义经济中，银行不以自身经济利益为目标，而是按照国家计划为企业发放贷款；转轨经济的商业银行具有自己的利益目标，发放贷款时偏好于按期还款的盈利企业。然而，由于我国银行的商业化改革不彻底，国有企业仍然发挥着执行国家政策的作用，银行信贷方面倾向于国有大型企业。一方面，国有商业银行占据了我国银行业务份额中的大部分，政府作为国有商业银行的出资人加重了预算软约束的程度。国有企业所有者缺位使政府不能履行股东的权利与义务，政府和银行两者之间的委托代理问题产生，则增加了银行出现道德风险的可能性。另一方面，商业银行具有双重身份，由于政府的扶持其拥有预算约束体的特点，并且政府的干预担负了对国有企业援助的责任，从而商业银行具有预算支持体的特点。

随着银行商业化改革的不断发展，出现了"公有产权政治观"，即国有银行通常扮演着利益集团"寻租"的角色，导致金融资源配置失效（Porta et al.，2003）。国有商业银行在进行股份制改革之前，政府所有产权和银行自有产权并存使两者的权利与义务无法明确，各级政府对国有银行的长期干预和金融压抑引发银行信贷配给依赖现象严重；国有商业银行在进行股份制改革之后，虽然商业银行权利与义务不明确的情况有所好转，但国有资产管理的相关部门承担的职责不能完全匹配。此外，我国转型的经济制度使国有银行具有多重目标，其中国有银行的金融资源承担着增加就业和维护社会稳定等公共治理责任。在分权改革后，地方政府为了自身利益利用银行改革的漏洞对其进行行政干预甚至资源掠夺；银行虽然作为金融资源的拥有者，但其改革中一直存在产权不明确、预收软约束和激励约束机制不完善等问题，间接导致了地方政府侵占银行信贷资源以及转嫁改革成本。同时，在我国的宏观管理体制下，信贷资金价格受政府管制以及债务融资成本相对刚性，这使商业银行不能通过灵活采用价格杠杆解决阶段性的流动性过剩问题，信贷投放压力随之增加（戴璐和汤谷良，2007）。为了降低审查和监督等信贷交易成本，商业银行偏好于"搭地方政府便车"，间接导致了不良信贷的增加。因此，在我国以银行贷款为主的债务市场中，政府通过控制大部分资金的流向与价格，迫使国有商业银行成为资金的供给者而非资源的配置者。

3.2.2　债券市场改革与发展

债券市场既可以体现发行债券企业的运营能力和财务状况，也可以对市场经济进行宏观调控，则企业融资直接途径的债券市场成为金融市场不可或缺的组成部分。

(1) 债券市场的发展历程。

我国债券市场发展开始于改革开放之后,发展历程主要分为四个阶段:初步发展阶段、调整规范阶段、恢复发展阶段和创新发展阶段。

①企业债券市场的初步发展阶段(1984~1992年)。

从1984年开始,小部分企业自发地向社会或者企业内部进行融资活动,但缺少政府相关部门的审批以及监管。具有柜台交易性质的沈阳信托投资公司是首家办理债券买卖和转让业务的区域性市场。截至1986年底,通过自发的地方债券融资已经达到100亿元。为了规范企业债券的公开发行和监督管理,1987年3月国务院出台的《企业债券管理暂行条例》与《关于加强股票债券管理的通知》反映出国家开始对企业债券进行统一管理,为债券市场的健康发展提供了法律基础。1988年国家为了抑制通货膨胀采取控制措施及整顿固定资产的投资规模,也停止了上半年的企业债券发行计划;下半年通过发行短期融资券缓解企业流动资金短缺的问题。随后,国家计委在财金司下设债券处,主要职责为企业债券和股票发行计划,参与规范管理证券市场及制定相关政策法规。上海证券交易所和深圳证券交易所的设立促使了交易所债券市场开始运行,标志着全国性的债券流通市场逐渐形成。1992年,国务院证券委和中国证监会的设立让我国资本市场进入统一监管的新阶段。

②企业债券市场的调整规范阶段(1993~1995年)。

面对复杂的宏观调控环境以及企业主体性较差的状况,1993年3月国务院废除之前不合理的规定,重新修订并发布《企业债券管理条例》(以下简称《条例》),进一步加强社会集资管理及规范企业集资行为。《条例》主要内容包括企业的集资活动须采用债券融资方式;扩大企业债券的发行对象;严格把关发债企业的财务状况和经营业绩;提出债券发行信用评级的要求等。《条例》对于规范企业债券的发行和运作产生积极影响,有利于推进我国债券市场的持续发展。依据《条例》有关规定,取消了大部分企业债券品种,仅保留了大型国有企业发行的中央企业债券和地方债券;国务院重新掌管期限一年以上的地方企业债券审批权;后来停止了地方企业债券的所有发行工作。1994年,债券市场中仅存国债、政策性银行金融债和企业债券三种,其中,国债的发行量占比接近四分之三,然而企业债券无论是发行种类还是发现数量都大幅锐减,苛刻的发行条件导致债券资本市场深陷谷底。

1993年债券市场调整规范之前,企业债券发行管理混乱,投资人却认为企业债券具有政府信用担保。若企业出现财务危机无法偿还时，债权人通常把责任归咎于政府和代销银行，从而出现迫使银行用贷款垫支的违约现象。企业债券的发行原本无关于政府，却由于政府隐性担保作用衍生出一种刚性兑付机制，使债券市场功能大打折扣（李宁，2017）。通过全面彻底的企业债券调整规范工作，及时有效地整顿债券市场的发行混乱与违规现象，为我国债券资本市场的全面复苏起到积极作用。

③企业债券市场的恢复发展阶段（1996~2006年）。

政府通过提高企业债券的发行门槛保证债券后续的安全，但功能单一的债券品种难以满足企业的债务融资需要。为了增加债券市场的流通性，上海和深圳证券交易所先后在1996年和1997年颁布规定，同意面值1亿元以上的债券挂牌交易。随后，《企业债券上市规则》与《企业债券发行与转让管理办法》的颁布进一步增加了债券市场发行及流通的有效性。1997年6月，中国人民银行颁布《关于各商业银行停止在证券交易所证券回购及现券交易的通知》，明确提出商业银行退出证券交易所的要求；建立全国银行的债券市场，这使我国债券市场的分割局面正式形成。此外，为了加快企业债券信用评级制度的建设步伐，中国人民银行批准了九家证券机构的评级资格。1999年，首次推出的浮动利率债券是利率走向市场化的重要里程碑。

在债券市场逐渐复苏的过程中，虽然废除了国有企业才能发行企业债券的规定，但是后续严格的发行条件缩小了发行主体的范围，则我国的债券市场依旧是规模较小、品种单一、成交低以及流动性差。由于政府利率管制、企业信用不健全以及发行审批程序等苛刻条件，债券资本市场反映出财政筹资功能。同时，企业债券呈现出受国家宏观调控的特点，而不是以改善企业财务状况和资本结构为主要目标。从宏观层面来说，债券的发行价格、利率和期限等并非由市场决定，价格机制的缺失导致其无法与其他金融市场形成传导效应，则不具备优化资源配置的功能；从微观层面来说，发债企业通常映射了国家政策导向和投资偏好，企业本身并不拥有资金使用的自主权，这不利于企业市场化运行的外部环境建设。

2001年的企业债券市场取得较大发展，企业债券发行规模和成交量不断增加，债的投资主体也随之转变，使机构投资者成为企业债券的主要拥有者。2002年企业债券发行方式发生根本性变化，由计划性发行变为市场化发行；企业债券首次由商业银行作为担保。从企业债券的发行主体来看，2003

年高新企业债券的捆绑发行开创了中小企业发行债券的先河，对中小企业的债券融资有着重要影响。2004年国务院出台的《关于推进资本市场改革开放和稳定发展的若干意见》鼓励企业以债券融资方式进行筹集资金。随后发布的一系列相关法规进一步扩大了企业债券市场的发行规模，也为债券发行和监督管理提供法律保证。其中，《〈关于进一步改进和加强企业债券管理工作〉的通知》对企业发行债券的有关要求进行了详细说明，同时阐述了直接融资方式的企业债券融资在市场化改革过程中的重要作用。由于中国人民银行严禁银行以机构投资者的身份进入债券市场，公开债券市场的发行以及交易运行效果不佳。直到2005年，为了增加企业直接债务融资途径，银行创新性地推出了以发展企业的短期融资券，此债券定位于机构投资者及依托银行间债券市场，带动了金融市场的总体发展思路。短期融资券激活了公开债券市场的创新热情，也受到了发行人和投资者的热烈欢迎，日益壮大的市场规模缓解了我国直接融资的难题。

④业债券市场的创新发展阶段（2007年至今）。

继短期融资券后，2008年、2009年、2010年分别发行了中期票据、中小非金融企业集合票据、超短期融资券。通过债券种类和发行方式的不断创新，进一步降低了企业债券融资成本。更重要的是，直接融资渠道能够满足于各种类型企业的债券融资方式，从而打破企业依赖于银行贷款的单一融资方式。2007年证监会发布《公司债券发行试点办法》，表明了企业债券与公司债券正式分开运行。在2011年的银行间债券市场，公司信用类产品发行量首次超过政府债券与央行票据，反映出以市场化为导向的银行间债券市场的蓬勃发展。同2007年相比，2015年发布的《公司债券发行与交易管理办法》增加了发行主体的范围和弱化了发行交易的监管，使公司债券成为上市公司融资的重要途径。有关数据显示，无论是发行规模还是发行数额，公司债券呈现出迅猛增长的发展趋势。

本书研究的债务市场融资是指非金融企业的公开债务融资，研究对象仅是企业债券，具体包括企业债券、公司债券、短期融资券和中期票据等。虽然企业债券的品种不同，但都是按照相关程序发行、具有约定期限以及还本付息的有价证券。随着我国公开债券市场的快速发展，逐渐形成了以基本法律法规为基础，发改委、证监会和中国人民银行多部门监管的格局。表3-8列示了主要企业债券的相关管理政策。

表 3-8　主要企业债券的相关管理政策

债券类型	企业债券	公司债券	短期融资券和中期票据
适用法规	《企业债券管理条例》（1993年）；《关于进一步改进和加强企业债券管理工作的通知》（2004年）；《关于推进企业债券市场发展、简化发行程序有关事项的通知》（2008年）；《关于进一步加强企业债券本息兑付工作的通知》（2009年）；《关于进一步加强企业债券存续期有关问题的通知》（2011年）	《公司债券发行试点办法》（2007年）；《公司债券发行与交易管理办法》（2015年）；《公开发行证券的公司信息披露内容与格式准则第23号——公开发行公司债券募集说明书（2015年修订）》；《公开发行证券的公司信息披露内容与格式准则第24号——公开发行公司债券申请文（2015年修订）》	《银行间债券市场非金融企业债务融资工具管理办法》（2008年）；《银行间债券市场债券登记托管结算管理办法》（2009年）；《全国银行间债券市场金融债券信息披露操作细则》（2009年）
监管方式	发改委实行审核制	证监会实行核准制和保荐制	交易商协会实行注册制以及自律管理
发行主体	符合条件的股份有限公司和有限责任公司	符合条件的股份有限公司和有限责任公司	具有法人资格的非金融企业
发行市场	银行间债券市场或者交易所上市交易	上海和深圳证券交易所上市交易	银行间债券市场发行
评级要求	具有资质的评级机构每年进行评级	证监会认定的具有资质的评级机构每年至少一次进行评级	披露主体的信用评级及债券的债项评级

资料来源：依据企业债券的相关法律法规整理。

企业债券市场在我国开始于1984年，经过30年的迅速发展，使交易规则逐渐完善以及市场规模不断扩大。企业债券规模的快速增长伴随着债券品种的持续增加，促进我国债券市场的持续发展。由图 3-1 可得，2007~2016年，我国债券市场的存量和增量总体上呈增长趋势。其中，在整个样本期间内，发展历史最长的企业债券呈"波浪"形上升态势；公司债券在四种债券中发行规模最小，但在2015年证监会修订了《公司债券发行与交易管理办法》等相关政策，提高了发行审核效率，公司债券以迅猛之势一跃超过企业债券发行量，截至2016年末，公司债券的发行规模较上年同期增长144.84%，通过弥补企业的资金缺口成为企业直接债务融资的重要方式；银行间债券市场的短期融资券和中期票据成为债券市场的主导者。通过图表分析，相对于企业债券、短期融资券和中期票据，我国债券市场中公司债券的发展空间很大。

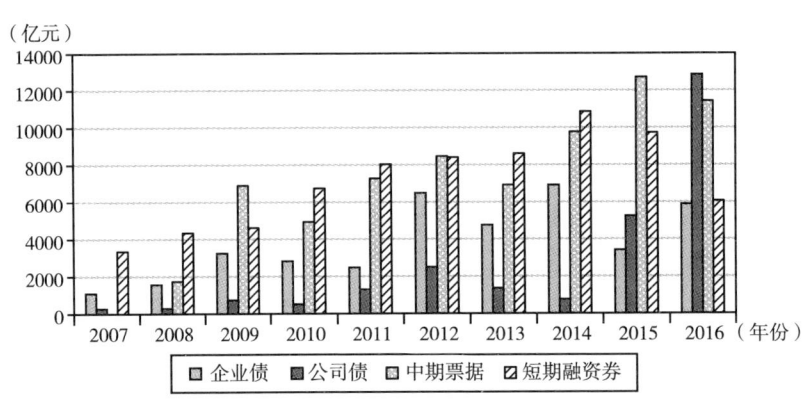

图 3-1 2007~2016 年债券市场发行规模

（2）债券市场发展存在的问题。

我国债券市场的发行规模已经取得了巨大进步，然而债券市场的发展中存在一些问题。为了债券融资方式在金融市场中发挥重要作用，必须深刻剖析其发展过程中存在的问题。通过加强债券市场的发展质量，完善企业的债务融资结构以及合理配置资本成本。

①债券市场结构不合理。

目前我国的直接融资体系还不完善，银行业资产占金融行业的比例大于90%，这使融资市场的风险都由银行承担，扩大了金融经济发展中的风险。政府等相关部门认为提升直接融资比例能够完善金融市场体系，通过增加直接融资工具降低企业的债务融资成本。

债券市场可以分散和转移银行业的风险，缓解金融风险集中于银行业的问题。然而，我国银行持有大量公司债券将会造成债券信贷化，增加了银行体系的系统性风险，则债券市场无法真正实现直接融资。一方面，企业在进行债务融资时，银行信贷和公司债券两者往往具有替代性，若债券市场缺少流动性和透明性等优点，公司债券实质上等同于银行贷款；另一方面，当资金紧张时，债券估值和评级方面的波动产生的市场风险会在银行间传播，甚至导致金融市场的流动性风险。此外，从债券市场的投资者结构分析，商业银行在我国债券市场中居于主导地位，其持有的债券一般在60%左右，表明我国债券市场的投资结构相对单一。对于发达国家而言，商业银行以资金成本低的优势成为债券承销和交易的中坚力量而非持债主体，真正发挥了公司债券异于银行信贷的多种功能，从而实现债券市场投资主体的多元化。

②债券市场定价机制与信用体系不健全。

我国债券市场的风险衡量和资产定价取决于行政干预而非市场力量，企业的债券融资过程中也存在隐性担保问题。具体而言，若银行为信用级别低的发行人承销债券，须提供一定的备用授信额度；若债券面临违约风险以及偿债风险，商业银行须用信贷做转贷处理或者依赖于行政救助。显然，银行作为承销商担负着隐性担保与流动性支持的责任，然而政府信用、银行信用和企业信用界限模糊的做法导致了信用风险与流动性风险聚集于银行体系。

隐性的信用担保和无法突破的刚性兑付反映了我国债券市场信用体系的不完善。在信用评级方面，通过评级机构能够降低发行人和投资者的信息不对称，提高债券市场的透明度以及资本配置效率。美国资产证券化规则认为信息披露可以降低信息的搜寻成本，投资者的参与度会增强投资信心，从而使债券资本有效形成。反观我国，由于隐性担保和刚性兑付的存在，发行人的信用质量与企业的经营业绩、信用评级等信息的关系微乎其微，降低了债券市场中的信息交易活跃程度。债券市场信用体系的不健全将会造成定价机制"失灵"的情况，例如，企业发行债券的利率高于银行信贷利率，债券流动性溢价不复存在。

③债券市场信息披露制度不完善。

2013年的债市风暴反映出银行间债券市场在发行交易环节和风险监管等方面存在严重问题，金融机构通过债券定价和权利分配进行"寻租"活动。信息披露制度是证券市场最重要的法规保障，准确、及时和全面的信息披露能够为证券市场夯实行之有效的制度基础，信息透明度甚至决定了证券市场的资金成本以及发展水平（Chen et al., 2013）。债券市场信息透明度的提升能够抑制价格操纵以及降低交易成本，债券投资者通过会计信息能够掌握企业的经营状况及违约风险，从而保护自身的根本利益。

对于债券发行人而言，较低的信息披露成本往往是债权融资的重要优势。然而，对于债券投资者而言，信息披露有助于发行人获取企业的偿债能力及违约风险，在一定程度上降低了投资风险。我国转型经济中的债券市场交易不活跃和流动性不强，完善信息披露机制能够弥补缺陷，通过激活债券市场提升债券定价的准确性，使市场的资源配置达到帕累托最优。多部门监管体系下的债券市场对信息披露有相对完整的规定，执行过程中却对企业信息披露可能存在的违规行为监管不力和惩治不严。企业发行债券但未及时披露会计信息的违规情况不足为奇；对于债券存续期间产生的重大事项，企业信息披露一般存在严重滞后现象，甚至虚假和隐瞒披露，违背了债券市场进行公开债务融资的建设初衷。

3.2.3 商业信用改革与发展

（1）商业信用的发展历程。

欧美发达国家基于成熟的市场经济已经形成了完善的商业信用管理体系，信用经济与文化发达，营造出浓厚的诚信氛围。随着金融经济的不断发展，信用的商品化促使商业信用成为企业的一种资源，即企业在市场交易活动中的通行证。相对于发达国家，我国的商业信用管理建设比较落后。

改革开放以后，政府、银行和企业等逐渐发展为独立的经济主体，信用问题得到普遍重视。商业信用建立在双方平等自主的基础之上，是市场经济的重要社会契约关系。为了保证市场经济发展的信用秩序，政府有关部门相继颁布了《企业破产法》《票据法》和《合同法》等，有效规范了商业信用行为。1987年7月，我国首家资信调查机构建立，夯实了企业进行商业信用管理的基础。从20世纪90年代开始，我国进入市场信用的整顿时期。为了提高企业商业信用的意识，政府相关部门举行了"重合同守信用"等一系列活动，并且彻底清理了"三角债"等工作。企业逐渐重视与加强商业信用管理，有助于取得债务融资支持以及拓展广阔的市场。银行以控制信贷风险角度，对贷款企业进行信用评估，提高了银行信用风险防范。

1999年，我国的信用管理体系正式进入初步建设时期。国家经贸委颁布《关于建立中小企业信用担保体系试点的指导意见》，全国各地积极响应号召，省级信用担保机构、市级中小企业信用担保机构和银行贷款信用系统纷纷建立。上海、广州和北京最先启用企业、个人信用数据，通过建立企业信用评级、个人信用档案使企业、个人的信用体系成为"经济身份证"。国家经贸委等部门于2001年发布了《关于加强中小企业信用管理工作的若干意见》，明确指出信用管理制度的详细要求，还规定了健全社会信用制度以及发挥中介机构的信用作用等。至此，以中小企业信用评级为主、个人信用体系为辅的社会化信用管理拉开序幕。2006年，央行建立了全国统一的企业及个人信用信息数据库。国务院2007年出台的《关于社会信用体系建设的若干意见》强调组建金融业统一征信平台,通过整合和共享金融信用数据规范征信体系建设。为了征信市场有效约束与监管,国务院2009年10月颁布了《征信管理条例》,促进了信用体系的建设以及金融市场的稳定。继2009年之后,政府有关部门继续完善商业信用管理的法律法规,为金融市场的信用体系建设提供法律武器,也标志着我国的商业信用管理步入实质性阶段。

(2)商业信用融资。

商业信用管理体系的不断完善保证了市场交易的合法、高效运行,也对企业的债务融资产生积极影响。商业信用作为企业筹集短期资金的重要方式,是市场经济活动中具有普遍性的债权债务关系。商业信用融资拥有速度快、成本低和弹性高等优势,它不仅是满足企业资金需求的融资渠道,还是直接提高企业财务收益的商业模式。商业信用是金融市场中最为活跃的因素之一,通过获得流动资金促进企业的生产经营,提升债务资金使用效率,发挥了商业信用融资在金融市场的重要作用。

3.3 会计制度变迁对会计稳健性的要求

改革开放以来,我国的会计制度进行了改革和变迁,会计制度的变迁也使会计稳健性发生变革。根据会计稳健性的演化过程,将其分为会计稳健性引入、会计稳健性确认和会计稳健性强化三个阶段。

(1)会计稳健性引入阶段(1985~1992年)。

我国开放政策促使中外合资企业蓬勃发展,推动了资本市场的国际接轨以及会计制度的国际趋同。1985年3月,财政部参照国际会计准则出台了《中外合资经营企业会计核算制度》,该制度对存货跌价与固定资产折旧方面提出了稳健性要求,这标志着我国首次将会计稳健性原则引入会计制度。1992年6月,财政部发布的《外商投资企业制度》对于坏账准备和存货跌价准备的会计处理提出明确要求,反映了制度中的会计稳健性原则。1992年11月,财政部出台了《企业会计准则》,改革企业的全面核算制度彻底结束了计划经济时期的会计模式。准则中提出企业的会计核算应遵守谨慎性原则的明确规定,且合理核算可能产生的损失和费用;企业的应收账款可计提坏账准备。虽然

《企业会计准则》在基本原则中对于会计稳健性提出要求，但并未对稳健性原则进行具体详细的深入阐述。

(2) 会计稳健性确认阶段（1993~2005年）。

财政部于1993年先后出台了行业会计制度等相关法律法规，然而大多数会计制度以原则为导向，在具体会计实务中缺乏操作性。根据会计制度发展的需要，1998年1月财政部颁布的《股份有限公司会计制度》对多项会计业务提出稳健性的具体应用，计提资产减值（跌价）准备的范围由应收账款扩展到其他应收款、存货、短期投资和长期投资等，同时缩短了无形资产和开办费的摊销期限；若资产重估减值计入营业外支出，资产重估增值计入资本公积。《企业会计准则——收入》严格规定了收入确认的条件，反映出会计稳健性原则的重要性。2000年《企业会计准则——或有事项》明确指出未来可能发生的或有损失计入当时损益，而或有收益却不能计入当期收益。2001年颁布的《企业会计制度》进一步扩大了会计稳健性的使用范围，计提资产减值（跌价）准备的范围扩充到八项资产；严格规定了借款费用资本化条件等，这些会计事项的处理都能体现出这一阶段我国的稳健性原则得到深入强化。

(3) 会计稳健性强化阶段（2006年至今）。

为了增强我国加入世贸组织的国际合作，2006年2月财政部发布《企业会计制度——基本准则》，标志着我国会计准则真正实现了与国际财务报告准则趋同。基本准则强调了稳健性作为会计信息质量特征的重要性，企业进行会计处理时应该秉承会计稳健性原则，不高估资产、收益以及不低估负债、费用。基本准则延伸了稳健性原则在会计确认、计量和报告过程中的具体应用。其中，《资产减值》具体准则规定资产减值确认后不得转回，有效阻止了企业进行盈余操控，这项比国际有关准则更为严格的稳健性要求符合我国的现实情况。与会计稳健性引入和确认阶段相比，会计稳健性强化阶段在2006年的新会计准则中转变了不断扩大资产减值准备范围的思想，相反，增强了价值相关性以及增加了公允价值的运用范围。虽然公允价值"不完全"采纳的计量思想催生了会计稳健性，但是会计稳健性在公允价值模式中有所削弱（张荣武和伍中信，2010）。然而，陈旭东（2006）认为新会计准则对资产减值准备的转回更加严格，则会计盈余的稳健性有所提高。

我国1998~2000年会计信息没有体现出稳健性，2001~2005年会计盈余才体现出稳健性，而2007年和2008年会计稳健性体现出波动的情况（杜兴强和杜颖洁,2010)。新会计准则执行后会计稳健性降低,这是由于新会计准则扩大了管理层的自由裁量权,管理层的自由裁量权在某种程度上替代了会计稳健性(周玮和吴联生,2015)。新会计准则逐渐由规则性向原则性转变,赋予管理层更多的职业判断。一方面,新会计准则的实施使价值相关性增加(Landsman et al.,2012);另一方面,会计准则的变更也使会计信息稳健性减少以及盈余管理水平增加(Ahmed et al.,2013;毛新述和戴德明,2009)。总体而言,我国会计制度的变迁促使会计稳健性的不断发展,逐渐增强的会计稳健性对会计理论和实践产生重要影响,通过提高企业会计信息质量保证债权人的利益,有助于企业提高债务融资水平。

第 4 章

理论基础

规范完整的理论体系是会计学科发展的重要支撑。本章结合契约经济学、信息经济学和经济社会学等多门学科,梳理了契约理论、信息不对称理论、委托代理理论、信号传递理论和社会资本理论,并且将企业的非正式制度金融股权关联和正式制度会计稳健性融入相关理论分析中,深入探讨两者对债务融资的作用机理,阐述了企业的金融股权关联和会计稳健性对债务融资的影响,为实证研究打下夯实的理论基础。

4.1 契约理论与债务融资

4.1.1 契约理论

(1) 契约的含义。

契约又称合约或合同。《拿破仑法典》规定:"契约是一种合意,一人或多人对其他人或多人负担给付、作为或者不作为的债务。"从法律层面来说,契约是为了设定合法义务两人或多人之间形成的具有法律强制力的协议。新制度经济学中不但包括法律层面上的契约,还包含各种隐性契约。契约关系比较普遍,其中企业与企业之间以及市场交易都被作为契约关系。麦克尼尔认为关系性契约是社会交互行为的主导形式,关系契约内生于社会关系环境中,是以契约性团结为基础,面向未来合作的不确定性交易契约。虽然缔约各方无法在事前对所有契约条款达成一致,但是以后在契约发展的每个阶段,缔约各方可以使用显性和隐性的合同来完善契约。由此可见,关系契约缔约各方为了实现目标，承担了大量明显的静态无效率，使经济学家正视了静态最优问题重要性被高估的事实，从而摒弃以静态确定性为基础的最优化范式。

（2）不完全契约。

随着经济学家对非人情式交易关系契约的深入研究，依据思想的演变过程分成古典契约理论、新古典契约理论和现代契约理论。古典契约理论和新古典契约理论的缺陷注定了现代契约理论的进一步发展，现代契约理论将不确定性考虑到契约中，这与以前的契约理论存在本质上的区别。契约中存在未被列明的事项和未被指派的权利，此时的契约就是不完全契约。契约不完全的原因主要有以下几个方面，对于外部环境的复杂性和不确定性，人的有限理性使综合信息不可能在单一的效用函数中得出最优契约，从而导致契约的不完全性；哈特认为交易重新协商的过程中会存在各种成本，交易费用的产生是契约不完全的重要原因；契约签订后可能面临无法预测和无法监督的行为，这种信息不对称也引发契约的不完全；契约语言的不精确也会造成契约的不完全性（卢现祥和朱巧云，2014）。

4.1.2 契约理论对债务融资的影响

（1）债务契约。

缔约各方权利和收益的不同是导致契约形式不同的根本原因。从时间上和空间两个层面，将完整的财产权利束分割成不同的权利组合和配置，从而形成不同类型的交易契约。当财产所有者通过分割所有权，将其部分权以契约的方式转移给他方，并且自己依然持有一定投资收益和追偿的权利，此时定义当事人债权债务关系的契约视为债务契约。在市场经济体制中，凡是形成某种交易关系，就不可避免地涉及契约签订。

作为市场经济基本单位的企业，是由一系列显性和隐性契约组成的连接体，其中债务契约是最主要的部分之一（Jensen and Meckling，1976）。债务契约发挥着至关重要的作用，整个融资过程其实是债务契约的签订与执行，为债权人的权益提供契约保障。债权是固定收益要求权，表现为企业在规定期限和利率以其资产偿还债权人的本息，这种固定收益与企业的投资收益不相关。一方面，当企业投资收益良好时，债权人有权要求企业及时偿还其债务本息；另一方面，当企业资不抵债时，债权人有权通过清算违约企业获得债务补偿。从契约的角度来看，债务契约的相关条款应让债权人可获取债权价值的变动情况，并且能够根据契约要求采取保护自身利益的补救措施。具体来说，债权人的保障机制分为事前和事后保障。事前保障机制是指在签订契约之前，尽可能预测评估企业债务融资后将会发生的情况，从而全面保证自身的合法权益；事后保障机制是指签订契约之后，债权人可以监督企业的投资信息，使契约有效的执行。

（2）债务契约分类。

根据企业债务融资途径的不同，将债务契约分为直接债务契约和间接债务契约。其中，直接债务契约包括企业发行债券和票据等，间接债务契约以企业向银行等金融机构进行贷款为主。直接债务契约是通过金融市场竞争达成的金融交易而建立起来的，融资契约关系中只有资本供需两方，不涉及金融中介机构。然而，不完善的市场机制使直接债务契约无法形成绝对占优，债务人通常面临多个资金供应者，这种一对多的债务契约会产生较高的交易成本（包含监督成本、重组成本和清算成本）。此外，贷款人信用不足的流动性风险可能降低缔约方的博弈预期，影响债务契约效率（Dowd，1996）。这种市场"失灵"的状况下，银行等金融中介机构能够通过合理配置金融资源弥补市场缺陷，进而提高债务融资契约效率。凭借吸收社会中的各种资金，金融机构成为债务契约中资金的供给者，这是社会经济发展专业化分工的必然结果，从而使直接债务契约更加具有普适性。由于规模经济以及构建的关系性契约，金融机构既能够掌握大量的企业内部信息，也可以降低对企业的监督成本。金融中介机构能够减少各种金融交易成本，具体来说，金融中介用低成本分散资产使投资者承担的风险降低（Lewis and Davis，1987）；以提供支付清算体系来促进契约交易（Dowd，1996）；通过克服非预期的消费需求来减少"保险"成本。间接债务融资通过银行中介提供资金，不但可以减少非流动性成本，还能够满足流动性的需要，从而在市场资源配置中达到帕累托最优（Diamond and Dybvig，1983）。

（3）产权制度与债务融资。

随着资本市场环境的不断改变和发展，契约不论是在内容上还是形式上都越来越丰富，这得益于契约的社会性根源，即社会环境的不断变化使契约也在发展。契约结构是制度约束的内生因素，是契约成本最小化的结果（孙铮等，2006）。转型市场经济中，政府在资源配置方面发挥着很大的影响，有必要将产权制度纳入企业契约的研究中去。产权界定是市场交易的基本前提，不论何种商品都只有在产权界定清晰的状态下才能交易，做到资源的有效合理配置。

现代产权制度以产权多元化为基本特点,基本要求是"归属清晰、责任明确、保护严格和流转顺畅"(卢现祥和朱巧云,2014)。产权制度不仅依附于自然禀赋和技术,更依附于政治制度和政府结构,体现出制定者的偏好和制约。产权制度依赖所有权制度,是在一定约束下选取的结果。

交易成本是产权制度中的重要概念。科斯第二定理是产权理论的核心部分,它指出,在交易成本大于零的状态下,不同权力的界定能够影响资源配置效率。产权制度是市场经济运行的基础,其作为制度化的产权关系,对生产组织、技术更新和经济效率有着根本性的决定影响,科斯成功挑战了新古典经济学认为市场零交易成本的假说。交易成本作为运行价格机制的成本,主要包含取得市场信息的成本和谈判、监督契约的成本。产权制度是否有效取决于解决外部性问题的交易成本多少,若产权界定清楚明确,交易成本就会降低。

结合我国特殊的制度环境,国家所有制占据主导地位,政府是市场资源的最终所有者。政治市场效率是政府行为的直接反映,政治市场有效观认为理性的政府拥有社会福利最大化的激励,国有企业代替政府对市场资源进行配置,被视为解决市场"失灵"和外部性问题的最优选择。具体来说,政府通过行政干预使国有企业获得更多的生产要素和社会资源,如丰富的银行贷款和政府补贴、优惠的政府竞标和放松的政府监管等(朱茶芬和李志文,2008)。然而,政治市场无效观认为面对权力、职位等自身利益的驱使,政府行为主体摒弃社会福利最大化原则,转向个人效用最大化的目标。由此可见,契约理论必须结合我国转型经济中的特殊制度环境,产权制度对企业的债务融资决策具有重要作用。

4.2 信息不对称理论与债务融资

4.2.1 信息不对称理论

(1)信息不对称的含义。

信息不对称理论作为信息经济学的核心概念,是指在市场经济活动中,由于一些参与人掌握另一些参与人难以取得的信息,产生不对称信息下的交易关系和契约安排的经济理论。信息不对称有关的一个重要概念是"私有信息",私有信息是指在契约签订或执行中,一方拥有某些信息但另一方却未拥有这些信息。相反,公共信息是指所有相关人通过观察都可取得的信息。私有信息的存在导致了信息不对称。拥有私有信息的参与人称为代理人,没有私有信息的参与人称为委托人(张维迎,2012)。

(2) 逆向选择与道德风险。

按照信息不对称形成的时间,不对称性可能形成在当事人签约之前或签约之后,事前不对称和事后不对称分别称为逆向选择和道德风险。委托人和代理人的信息不对称是产生逆向选择和道德风险的根本原因。逆向选择是指在建立委托代理关系之前,代理人拥有委托人没有的信息,委托人也不熟悉代理人的类型;代理人利用信息优势签订对自身有利而对委托人不利的契约,则委托人由于信息劣势陷于被动地位。逆向选择干扰市场的有效运行,造成市场交易效率低下甚至无效。逆向选择是委托人和代理人在达成交易前的信息不对称形成的。逆向选择是一个内部信息在对外提供过程中产生的问题,产生于企业管理者及其他内部人比外部投资人了解更多的企业信息。管理层可能以损害投资人的代价来谋取自身的利益。例如,在证券发行市场中,将会出现会计信息质量差的公司把会计信息质量好的公司驱逐出资本市场的逆向选择问题。

资本市场中也存在逆向选择问题。对于银行而言,贷款预期收益不仅取决于贷款利率,还取决于借款人的还款概率,所以银行可以通过提高利率增加自身收益。然而,银行可能无法预测到特定借款人的贷款风险,提高利率会驱逐市场中低风险的借款人,导致银行的贷款风险增大。在此种情况下,增加利率可能降低而非提高银行的预期收益,由此可见,在银行和借款人之间,贷款风险信息的非对称引发了逆向选择问题。道德风险是经济代理人为了寻求自身效用最大化,损害委托人或其他代理人效用的行为。道德风险在市场经济中普遍存在的,本质上是"经济人"对自身隐蔽信息采取的理性反应。道德风险作为经济环境中的外生不确定性,严重损害了市场均衡或使市场均衡低效。当委托人出现逆向选择时,通常代理人将选择道德风险行为取得自身利益最大化。代理人拥有的私有信息是形成逆向选择与道德风险的主要原因。在签订委托代理合同后,代理人通过自身独占性的信息进行不被委托人观察到的隐蔽行动,改变签订合同前的行为方式攫取更多的收益。

4.2.2 信息不对称理论对债务融资的影响

(1) 债务融资的信息不对称问题。

企业融资中的经济主体包括投资者和企业,在两个经济主体的不对称信息中,投资者是居于信息劣势的委托人,企业则是位于信息优势的代理人。企业融资的不对称信息是指在融资过程中,处于信息劣势地位的投资者与居于信息优势地位的企业存在信息量的差别。依据非对称信息分为事前非对称和事后非对称,将企业融资的非对称信息也分为事前和事后两个方面。其中,企业融资的事前非对称信息主要表现在未来收益情况,包括企业的风险类型、管理层经营能力和项目质量。企业融资的事后非对称信息分为两个方面,包括未遵守融资协议,私自改变资金用途;融资企业为了逃避偿付义务隐瞒投资收益。

信贷市场中,贷款利率、期限、抵押品等贷款人拥有的信息将会在信贷合同里标明,则贷款人对借款人的信息是对称的。然而,借款人的资质、信誉及契约履行程度等借款人掌握的信息却不能被贷款人知晓,这样不对称信息在借款人和贷款人之间就产生了。在借款人与贷款人的委托代理关系中,处于信息劣势地位的贷款人称为委托人,位于信息优势地位的借款人称为代理人。当发生事前信息不对称时,风险低且质量高的借款人会被风险高且质量低的借款人挤出信贷市场,使贷款人的风险加大,产生不利于贷款人的逆向选择问题。当发生事后信息不对称时,借款人可能未遵守融资协议,私自改变资金用途;未努力实施贷款项目使预期收益难以实现;为了逃避偿付义务隐瞒投资收益。在契约执行过程中,借款人的机会主义行为损害了贷款人的利益,这被称为道德风险。汉斯·韦坎德认为金融中介把资金投入企业之后会主动对其进行监督,通过保证资金按照契约的要求使用来降低贷款风险。特别是当借款人的净值较低不能为贷款提供保险时,金融中介会对企业采取更严格的监管措施。金融中介在企业债务融资中扮演着重要的角色,其能够降低信息收集、信息处理、监督企业的交易成本以及交易风险。

(2) 产权视角下债务融资的信息不对称问题。

我国正处于经济转轨的特殊时期,企业融资中的不对称信息问题具有特殊性。

①投资者搜寻信息的激励不足:在融资经济活动中,处于信息劣势的投资

者可通过搜寻信息来降低不对称信息的程度。由于产权改革不彻底,国有企业和国有银行作为重要的投资者,其搜集信息的激励明显不足,加重了信息不对称问题。具体来说,国有企业的所有者缺位问题一直未完全解决,多级委托代理链的存在使所有者和经营者在产权关系上出现了"超弱控制",实际上产生了内部人控制,即经营者不仅可以凭借内部人控制满足自身效用最大化,且经营压力不足。与此同时,政府利用其所有者地位能够行政干预经营者的经营行为,形成了"超强控制"。所以"超弱控制"直接造成了经营者的经验动力不足,"超强控制"又间接为经营者提供了推卸责任的条件,这种情况下,国有企业显然没有动力搜寻信息。

②投资者搜寻信息中的"搭便车"行为:信息的难以独占特点使信息搜寻过程中产生"搭便车"行为,因为信息搜寻的主体无法阻止其他主体也来信息消费。

③民营融资企业传递信息的能力差:一方面,民营企业具有经营规模相对较小、经营形式灵活、组织结构变化较快等特点,其无法呈现经过审计部门审核的财务报表和良好的经营业绩;另一方面,民营企业家族式的企业特征使其封闭性较强,向外部投资者传递自身经营信息的动力与能力较差,进一步加大了投资者的信息搜寻成本,导致信息的不对称程度加深。

④融资市场传递信息的能力差:我国相关的信息披露法规带有试验和过渡色彩,并且法规的执行效果差;监督机制和风险机制的缺失造成会计师审计过程中有失客观性和公正性。以上两个问题导致我国融资市场中信息搜寻成本高昂,投资者难以通过对称信息作出正确的决策。

4.3 委托代理理论与债务融资

4.3.1 委托代理理论

Jensen and Meckling(1976)强调代理关系是一个或多个委托人委托某一个代理人代为行使某些行为的契约。在签订契约前后,市场参加者双方由于信息不对称形成的经济关系就是委托代理关系。获取信息多或者具有信息优势的市场参与者视为代理人；获取信息少或者居于信息劣势的市场参与者视为委托人。委托代理关系具有两个基本条件：第一，市场中有两个以上的相互独立个体，且在约束条件下双方都为效用最大化者。在众多可供选择的行动中，独立个体中的代理人必须选择一项作为预定行动，此行动不但对其自身的收益产生影响，而且作用于委托人的收益情况。委托人拥有付酬能力同时具有固定支付方式与数量的权利，换言之，在代理人选择行为之前委托人已经与代理人签订契约，契约规定代理人的报酬是委托人代理行为结果的函数（张维迎，2012）。第二，代理人和委托人遭受着市场不确定性以及风险，两者之间取得的信息是不对称的。一方面，委托人难以直接观察到代理人的具体行为；另一方面，由于代理人选择行为的最终结果是随机变量，代理人无法完全控制选择行为最终结果，从而委托人不能完全凭借对代理行为的观察结果考核代理人的业绩。

在委托代理关系中，代理人具有委托人难以取得的市场信息与私有信息，委托人和代理人经过商讨价格和妥协退让，最终签订双方都可接受的契约。委托代理的均衡契约是市场中信息优势和信息劣势两方参加者之间展开对策的结果。委托人和代理人双方达成的契约称为均衡契约。信息经济学认为签订均衡契约需要以下两个条件：第一，代理人履行契约后所得到的收益不能少于预定额度，即参与约束；第二，代理人依据行动效用最大化原则进行行为活动，代理人获得预期效用最大化时，委托人也实现了预期收益最大化，即激励相容。在委托代理关系中，委托人和代理人的效用函数通常不相同，公司制中的委托人追求企业价值最大化，但代理人以自身利益最大化为目标，两者的利益存在冲突。由于信息不对称引发道德风险和逆向选择问题，则委托代理的主要任务是委托人怎样激励代理人最大限度地提高委托人的利益，降低代理成本。

4.3.2 委托代理理论对债务融资的影响

（1）融资契约的委托代理问题。

融资契约是涉及各利益相关者之间财权分配的制度安排，财权配置的不同将带来各方利益冲突，契约主体之间的代理问题应运而生。在融资契约中，契约主体主要包含股东、管理层、债权人，各利益方存在的代理问题体现在以下几个方面：

第一，股东和管理层之间的代理冲突。企业所有权和经营权分离不仅是现代企业制度的基础，还是产生代理问题的根源。由于企业股东与管理层的信息不对称，股东无法观测出管理层的全部决策行为，管理层追寻自身利益诱发的行为偏离了股东利益最大化目标以及伤害了股东权益，进而引起股东和管理层之间的利益冲突，主要包括在职消费、过度投资和风险偏好。

第二，股东和债权人之间的代理冲突。当企业正常运营时，股东获益于企业的增加值；债权人只能取得固定的契约报酬，企业的市场价值的大小对其无差异。当企业发生破产时，有限责任条件下的股东损失以其投资额为限；债权人虽然具有企业剩余控制权，但遭受损失不可避免。具体来说，股东与债权人在股利发放政策、债权价值稀释、投资不足问题等方面存在分歧。

第三，管理层和债权人之间的代理冲突。管理层作为代理人处于企业的信息优势，债权人作为委托人处于信息劣势，管理层追求自身效应最大化时，当然不会完全以债权人利益最大化为行为目标，导致企业债权价值降低。

第四，控制性股东和中小股东之间的代理冲突。控制性股东凭借资本优势侵害中小股东利益是两者之间的主要代理矛盾，这种情况在我国上市公司中尤为严重。国有股"一股独大"的股权结构使控制性股东侵害中小股东更加容易。实践中，这种侵害行为包括大股东占用公司资金和大股东虚假出资等。

第五，债权人之间的代理冲突。债务融资契约的债务金额、期限及优先级别存在差异，其中优先级别决定了债权人对企业清算收益索取权的优先顺序，次级债权人只有等优先级债权人的权益全部补偿后才可以行使权力，则债权人之间的利益产生矛盾。主要债权人（金融机构）与次要债权人（债券投资者）的代理矛盾表现为债券契约博弈过程中谈判力的不同（张维迎，2012）。债务契约博弈中，银行作为企业主要的债权人，其谈判能力明显强于分散的债券投资者，利用其自身优势地位可能作出损害其他债权人的决策行为。

（2）债务融资契约对代理成本的治理效应。

假设资本市场中的投资者为理性预期者，债权人可以正确预测股东在发行负债后的行为，债权人以较低的价格支付债权凭证或扩充限制性条款，此时企业债务资本成本提高以及企业价值降低，这就是债务契约的代理成本。Jensen and Meckling（1976）指出债务融资契约代理成本包括企业价值降低、债权人的监督成本和破产重组成本等。由于信息的不对称及契约的不完全性，代理问题导致代理成本，为了减少代理成本及增加代理收益，构建激励约束机制以此规范代理人与委托人的行为是十分必要的。债务融资契约不但具有融资功能，通过一定的契约安排还可以缓解融资代理问题，因此具有债务契约治理效应。债务融资契约可以缓解股东与债权人的代理矛盾，还具有激励约束、担保以及企业重组作用，而治理效应的发挥除了需要完整的债务履行机制外，更重要的是债权人有动机且有能力监督企业。

"监督者天然不是银行中介，银行中介天然是监督者"诠释出银行等金融机构拥有代表性的监督优势，能够对企业实施有效监管。一方面，银行通过投资于监督的专业知识和技能后，可获取只有职业监督者才能形成的潜在成果，则银行不仅拥有监督成本的优势，还有实施监督行为的动机；另一方面，银行能够通过分散化投资组合的方式转移风险，这是银行中介与普通代理人监督方法上的根本性差别。另外，银行符合债务契约的标准要求，支付存款人固定的利率，进而避免重复的监督成本，银行中介也产生了存在的经济理性。

4.4 信号传递理论与债务融资

4.4.1 信号传递理论

信号或市场信号不仅是一项具体行动，还是一种概率分布，它能够降低人们在观察和预测经济活动中的不确定性。从不确定性层面看，信号表现出模糊性和具体化的特点。信号是可以改变个体概率分布的各种事件，有助于缓解逆向选择和道德风险带来的市场效率低下问题（Downes and Heinkel, 1982）。市场信号是指市场中的卖方向买方传递信号，通过可靠的途径显示交易对象的质量，以此减少不对称信息的影响。市场信号是对信息不对称的有效补充，商品品牌、信誉和广告等都可通过传递市场信号来提高市场效率。在不对称市场中，买者由于不了解购买商品的质量情况而处于信息劣势地位，只能观察到商品的平均质量。市场的交易价格将会收敛于买者确认的平均质量价格水平，而卖者的要价也会随着买者的变化做出相应调整。买者对产品质量的信息缺乏会影响高质量产品的市场价格，产生逆向选择问题。然而，高质量产品的卖者可以通过采用某些行为活动作为市场信号吸引潜在的买者，传递出的积极信号会诱发买者的购买行为，这就是典型的信号传递。

市场经济环境下，市场质量的不确定性是某个经济变量，信号则是影响这个经济变量的另一个经济变量。全部经济变量的分布都显示出一种市场信号，此信号是市场参与者经济决策要求的具体体现。市场参与者的经济决策依附于经济变量的分布，经济变量的分布需要根据信息进行调整，而经济变量的调整又传递着一个新的信号，这种相关的市场信号可以降低参与者经济决策的不确定性。信号均衡是指市场质量信号供求双方形成的一种平衡状态，所有信号在均衡状态中都能区别市场质量，进而改善经济市场中的不对称现象。信息主动传递是指信息优势的一方主动把相关信息传递给信息劣势的一方。Michael（1974）首次探讨了教育水平作为"信号传递"的手段在劳动力市场中的影响，深入探究拥有信息优势的个体通过信号显示将信息传递到信息劣势的个体，从而实现市场均衡。他的研究首次将信号传递理论引用到经济学中，其劳动力市场模型成为最经典的信号传递模型。代理人拥有动力显示自身类型，依靠某种信号让委托人辨别出来，从而委托人和代理人签订契约。

4.4.2 信号传递理论对债务融资的影响

（1）融资企业资本结构的信号传递。

代理人将资本结构作为传递信号的手段，通过改变资本结构比例影响企业价值。主要体现在以下两个方面：

①预期投资项目质量的传递。现有经理风险偏好的研究强调，资本结构可以决定信息传递的平衡。由于经理人的风险厌恶，权益股份将降低其收益，但对于高业绩的投资项目影响极小。金融市场中的买方和卖方存在信息差异，其中，投资项目的内部消息和收益情况经理人一定比投资者了解更多。道德风险的存在阻碍了参与者之间的信息交流，而经理人又采用收益较差的项目作为融资，这种信息不对称的条件下，交易双方需要通过信号传递的信息达成项目融资。在投资收益率一定时，企业最优负债水平点是体现投资项目风险大小的信号（Leland and Pyle，1977）。

②预期经营业绩的传递。若管理层掌握外部投资者不了解的企业投资收益，投资收益分布函数是按照一阶随机序列排序的。资产负债率或者债务比例

能够把企业内部信息传递到市场,是一种重要的信号传递工具。外部投资者将高负债水平视为高质量的信号,即提高债务等同于管理层预期企业未来业绩良好。这种信号传递出管理层对企业的信心,也激发了管理层的工作热情,进而提高投资者对企业的信任度。由于管理层的报酬取决于企业价值,管理层将根据不同情况选择不同的管理动机,如通过增加负债提高企业收益。因此,企业债务和权益的采用与财务结构传递的信号是相互对应的。若投资收益非一阶随机序列,而是业绩好的企业债券价值高于业绩低的债券,则企业的股东权益随之提高。以债务和权益的均衡作为研究视角,债券与股票发行的边际利得与损失是平衡的。较高的企业价值具有较高的负债,而较低价值的企业通过发行大量低价债券来减少股东权益价值。

(2)融资企业会计信息披露的信号传递。

信号传递理论逐渐发展到财务领域中,从企业的内部因素分析其对资本市场融资行为的作用。信号传递理论诠释了即使没有强制性的财务报告要求,企业也有意愿向资本市场进行信息披露。面对稀缺的风险资本,自愿披露财务报告是企业在风险资本市场中脱颖而出的必要条件。声誉是指处于信息优势的交易方向处于信息劣势的交易方的一种承诺保证。企业声誉是企业给利益相关者提供其产出能力行为及结果的集合表现,同时体现了企业与利益相关者所处的地位以及企业的外部市场环境。通过有效的沟通机制企业能够将正式与非正式的信息传递给各利益相关者,信号传递作用的发挥降低了企业与利益相关者的信息不对称程度。企业声誉是一种重要的传递信号,良好的声誉能够提高企业筹集资本的能力以及降低企业的资本成本。此外,会计信息的披露会减少环境不确定性,投资风险会随之下降,使利益相关者看好企业未来发展前景,因而提升企业的价值。

当资本市场整体上存在诚信危机时,业绩良好的企业具有强烈动机呈现其经营成果,通过会计信息披露进一步增强企业的诚信和形象,同时也与业绩较差的企业进行区别。资本市场的快速发展使企业数量激增,买方市场的特点凸显,市场竞争的压力迫使越来越多的企业进行业绩报告。业绩中等的企业通过会计信息披露展现自身优势,防止被认为不良企业;业绩较差的企业也被迫披露自身经营状况,通过报告对决策者提供有重要价值的前瞻性信息来增加外部投资者的信心;汉斯·韦坎德认为企业差项目的信息披露向市场传递负面信号,披露比不披露该项目内部信息的预期市场价值更低,而业绩最差的企业无法发出信号传递自身价值。因此，企业会计信息披露具有信号传递功能，其在证券市场中信号显示的结果将不同质量的企业进行了有效区分。

(3) 融资企业股利政策的信号传递。

股利政策是指上市公司期末分配利润的政策，它向外部投资者传递了公司内部的相关信息，从而影响公司的融资能力以及经营业绩。股利信号传递理论认为融资企业的经营者与投资者存在信息不对称，经营者拥有融资企业投资机会、未来现金流和发展前景等私有信息，通过一定的方式向外部投资者传递有关信号来体现企业的价值，以此影响投资者的决策行为。投资者通过理性客观地剖析经营者传递信号的内容，评估融资企业发行的证券，最终实现自身利益最大化。另外，股利政策作为信号传递机制缓解经营者与投资者的信息不对称，需要以会计信息为基础，特别是真实可靠的股利分派信息。

4.5 社会资本理论与债务融资

4.5.1 社会资本理论

(1) 社会资本的含义。

从结构层面上看，社会资本是企业的重要资本，通过运用自身的"体制化网络关系"获得实际或者潜在的资源利益以取得声望并且带来行动上的便利；从功能层面上看，科尔曼认为社会资本是一种生产性资源，凭借个人的人际关系和社会结构中的资源等资本为行动者带来利益资源，这是社会资本的主流范式。社会资本是指社会组织中能够促进利益协调和达成合作的特征，如信任和互惠等（Putnam, 1993）。社会资本作为一种特殊的资本，具有以下特点：第一，社会资本不可转让。社会资本的结构决定了拥有者具有使用权，而不具有支配权，因为它不是私人资产。第二，社会资本不因使用而减少，相反会由于不使用而消失。只要社会成员维持信任与互惠关系，社会资本价值会随着使用次数的增加而提高。然而，若成员之间互动次数减少，则构建社会关系的价值会随之降低。第三，社会资本具有公共物品特点。社会资本中的特定规范制度与惩罚措施不仅使参与者收益，还有益于社会结构中的其他相关者。

从古至今,"关系"作为社会中的独特形态充分体现了我国特殊的文化结构和中国人的思维逻辑。不同于西方的关系以契约为核心,中国的关系中伦理部分位于核心部分。中国人的关系假设从儒家伦理"天人合一"的传统观念衍变为赋有"关系思维"的社会意识,从而获得稀缺的社会资源。当社会中行为人的关系以个人投资为目标追求经济收益时,关系就形成了资本的特性,即社会关系资本。关系资本通过建立交易双方之间的信任机制实现资源共享或互惠互利。

(2) 企业社会资本的含义。

社会资本存在于个体社会关系中,个体社会关系具有普遍性。社会资本不但包括先天性的社会关系(血缘关系和家庭关系等),还包括后天建立的社会网络关系(朋友关系和同学关系等)。不同个体在获得社会资本能力方面是有差异的,运用社会资本能力的同时又进一步拓展了社会关系网络。

将社会资本从个人层面延伸到企业层面,对企业社会资本理论的研究主要分为两个派系:①资源观的企业社会资本。Nahapiet and Ghoshal(1998)通过选用关系维度、结构维度和认知维度对企业社会资本进行度量,首次发表了企业社会资本是企业利用关系网络能够获取实际或潜在资源的这一观点。企业社会资本不但包含企业内部关系网络中的无形资源,还包含凭借外部关系网络取得的其他资源。②能力观的企业社会资本。企业社会资本是指企业以搭建网络关系获取稀缺资源的一种能力。企业社会资本分为横向联系、纵向联系和社会联系(边燕杰和丘海雄,2000),通过这三种联系企业能够摄取内部和外部关系网络中的重要资源。企业的社会资本不可忽略相关利益者,虽然企业是社会资本的核心,但利益相关者也是主体。本书将企业社会资本定义为一种社会关系,这种社会关系能够为企业创造和获得外部网络结构中的实际或潜在的资源。具体来说,社会资本是企业与竞争者、供应商、政府和银行等金融机构形成的非正式关系,此种关系能够给企业带来丰富的资源,进而实现企业利润最大化的目标,如图4-1所示。

(3) 企业社会资本的构成。

从企业的内部来说,企业社会资本是以管理层为核心的与其他成员密切关联的社会网络关系。内部网络关系可能开始于亲缘关系,随后各种多样化的关系加入网络结构中。信任是嵌入社会制度和结构中的一种社会资本,内部的信任网络是企业生存发展的基础及增强凝聚的源泉,如所有权与经营权分离客观

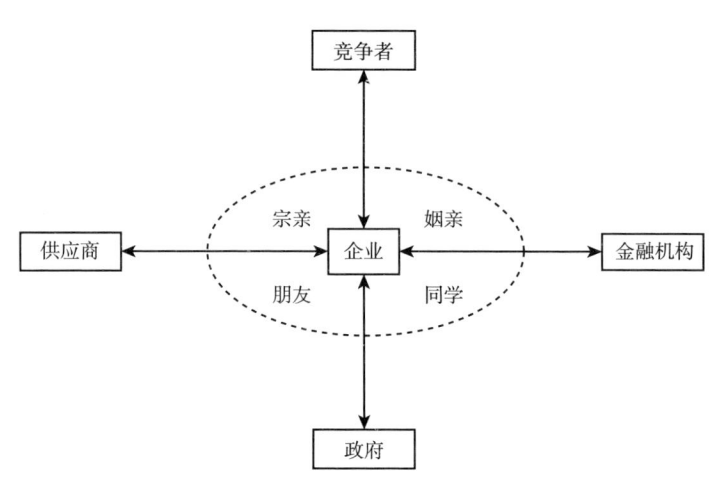

图 4-1 企业社会资本网络关系

上使所有者必须信任经营者。企业中正式与非正式的契约关系相互补充,并且内部信任网络有助于促进成员与部门之间信息交流及资源分享,让企业在彼此信任的稳定环境中有序地进行生产经营活动。从企业的外部来说,企业社会资本网络关系包括与企业有信任关系的合作伙伴、供应商、客户和消费者等。市场竞争激烈使企业产品优势和内部优势逐渐减弱,这也凸显企业外部管理的重要性,其中企业间互惠互利的合作关系已经成为主要的经济运行方式。企业与客户及供应商建立的紧密关联能为合作各方带来商业契机,同时解决了彼此的经营和技术问题,从而形成社会资本信任网络中的共同体。

(4) 企业社会资本的功能。

企业社会资本的功能主要体现在以下几个方面:①降低企业的经营风险。面对竞争日益加剧的外部环境,企业社会资本在降低经营风险上发挥了重要作用。大部分企业在经营过程中存在财务风险,若企业与供应商和银行等具有良好的信任关系,供应商和银行同意企业推迟支付款项,则企业通过取得的宝贵时间规避了可能产生的经营风险。②积累企业的声誉资本。声誉是决定企业成败的重要因素之一,企业社会资本可有效促进声誉资本的积累。企业社会资本源于社会网络关系中不同主体之间的信任程度,则企业在形成社会资本的过程中良好声誉也随之建立,这种声誉通过社会传递将会增加企业的声誉资本。③增加企业的市场机会。企业的发展实际上是政府行政资源和生产资源等各种资源的有效组合。作为特殊资源的社会资本有助于企业获得自身生产经营所需的各种市场资源,使企业提高市场竞争力和经营业绩。④减少企业的交易成本。在交易过程中,信息不对称和机会主义行为会导致交易费用增加,而企业社会资本能够减少这种交易成本。一方面,企业社会网络成员之间构建的信任关系可以降低信息不对称程度和机会主义行为发生的概率,从而减少由此产生的交易成本;另一方面,企业社会资本形成的良好声誉可以降低信息不对称,并且社会网络关系为企业提供丰富的信息资源以及市场机会,使搜寻成本减少(Nahapiet and Ghoshal, 1998)。

4.5.2 社会资本理论对债务融资的影响

企业进行外部融资时会面临融资困难,主要是因为资金供需两方信息不对称产生的风险以及难以评估企业经营中的不确定性,这样一些企业的运营资金来源于企业社会资本的网络关系而非正式金融市场。社会关系网络内部传递的信息具有专有性,即信息通常以承诺或者默契的形式限制于关系成员之间,网络外部的行为人很难掌握。同正式的融资市场相比,社会关系网络中的专有信息有效缓解了融资双方的信息不对称,同时贷款人依据网络关系可以获得借款人的信息,促使非正式融资成为企业债务融资的一种重要手段。社会网络关系产生的信任机制能够促进双方的融资交易。作为核心的信任要素使社会网络中成员之间的关系更加稳定与密切,债务融资交易双方的契约关系减弱而信任程度增加,从而信任机制使债务融资效率提高。以信任为基础形成的互惠期望也可以激发交易双方的合作意愿,通过传递私人信息和分享资源推动双方的整体合作,此种社会资本网络关系不但增加了合作机会,还促使相关报酬等利益进行共同分配。因此,企业通过社会资本网络关系获取的资金既降低了风险成本又简化了融资手续,这是对正式融资制度的一种重要补充。此外,我国的经济制度以政府为主导,政府有关部门对于市场进入和生产要素等具有掌控权,客观上激励了企业进行非生产性活动。社会资本网络关系为企业家的"寻租"行为带来便利条件,例如,企业通过与政府建立网络关系取得低价物资,从而赚得超额利润;企业行政上的优势可以寻求政府保护和快速审批,这些"寻租"行为使企业获取巨额利益。

4.6 研究主题与相关理论的机理分析

企业债务融资过程中存在信息不对称，在事前，资金提供者不能选择资金使用者的风险程度，即逆向选择问题；在事后，资金提供者不能控制使用者的资金滥用行为，即道德风险问题。因此，解决信息不对称问题是进行债务融资的关键所在，关联融资的研究正是来源信息产生的视角。一方面，信息不对称是金融中介产生的基础，在金融中介与企业的契约关系中，金融中介通过获取企业的私有信息来缓解金融市场的信息不对称问题。股权关联融资是一种长期契约关系的融资行为，只有在债务契约双方的长期接触中，资金提供者才可取得资金使用者的私有信息；另一方面，企业社会资本不但能够获得具有竞争优势的资源，还可在其他行为人之间担任沟通桥梁的角色。作为企业重要战略资源的社会资本是一种有效的治理机制，企业社会资本可以提高交易双方的信任程度、减少机会主义行为和交易成本。具体来说，金融股权关联是一项非正式的社会制度，能为企业在债务融资中提供金融资源和信息优势。金融关联的担保功能和信息传递降低了融资双方的信息不对称以及企业的运营风险，且企业和金融机构的紧密关系逐渐形成信任机制，从而提高企业债务融资的可得性。此外，债务融资契约双方的非对称效用函数以及信息不对称问题导致了代理矛盾，企业与金融机构关联关系的建立有助于缓和契约双方的代理冲突，从而增加信贷资源的配置效率。

根据信号传递理论，市场中某种信号显示和信息传递能够有效减轻信息不对称。信号传递机制是指信息优势的交易方作为代理人主动或者被动地向处于信息劣势的代理人传递信息的过程；信息生产源于委托人主动地进行信息挖掘与收集。在债务融资关系中，降低融资成本是作为代理人的融资方进行信号传递的根本目的。投资者根据信息判别代理人的类型，这激励了业绩良好的企业通过信号显示与业绩不良的企业进行区分。高质量的会计信息通过减少债务融资契约签订前和执行中的信息不对称程度，对维护债权人的利益产生积极影响。银行等金融机构根据企业的会计信息进行信贷决策，作为会计信息质量替代变量的会计稳健性通过信号传递机制和治理机制，限制管理者的机会主义行为以及减少代理成本，使债权人的信息风险和违约风险降低（Watts，2003；朱茶芬和李志文，2008）。此外，会计稳健性通过加强限制性条款的作用使债权人利益得到保护，稳健性也能够降低由

第 4 章 理论基础

高估引发的过度投资和股利支付,缓和了债务契约双方的冲突。

在债务融资契约签订前,金融股权关联的信息效应降低了契约双方的信息不对称程度,通过规避债权人的决策风险促进企业的债务融资行为。金融股权关联带来的声誉作用向债权人传递了企业运营的积极信号。同时,会计稳健性通过信号传递功能提高债权人对融资决策评估和定价的准确性,进而减少逆向选择问题。信号传递功能主要有以下三个方面:第一,具有盈利能力和发展前景的企业将会选取稳健的会计政策进行财务报告披露;第二,会计稳健性强的企业其资产质量和盈利质量较好,未来现金流的不确定性和风险较低;第三,高质量会计信息建立的企业声誉能够提升债权人的信任程度,增加了债权人运用会计信息监控贷款风险的信心。在债务融资契约签订后,由金融股权关联的资源效应形成的隐性担保为债权人提供了有效保证,从而提高企业的债务融资水平。会计稳健性将会发挥监督与约束作用,通过减少债务契约签订后的道德风险来保障债权人合法利益。会计稳健性对于坏消息的及时确认,能够限制债务人的高估动机,减弱盈余管理的影响。因此,通过契约理论、信息不对称理论、委托代理理论、信号传递理论和社会资本理论,将金融股权关联、会计稳健性与债务融资纳入同一个理论分析框架,本书的理论分析框架如图 4-2 所示。

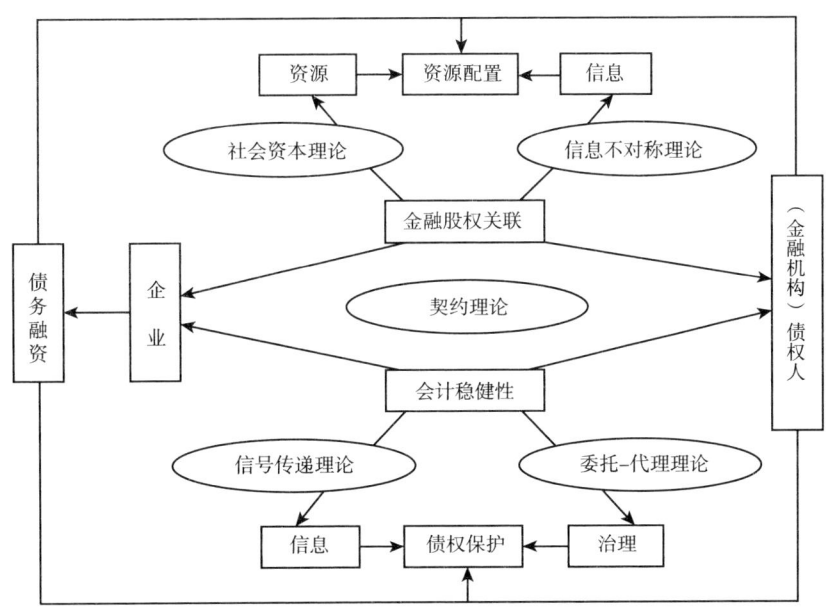

图 4-2 本书的理论分析框架

第 5 章

金融股权关联对债务融资的影响

当前主流的企业融资理论沿袭新古典经济学"社会化不足"的研究范式（沈艺峰等，2009），忽略了任何一个组织都是在社会结构中进行财务活动的，即嵌入社会网络的经济行为必然受到关联关系等非正式制度潜移默化的影响。非正式制度中国式关系和声誉机制已经起到举足轻重的作用，其中金融股权关联是非正式制度的主要组成部分，对金融资源配置与企业财务决策有着重大意义。我国商业银行、证券、期货、保险、基金和信托公司等拥有充足资金和财富，企业可通过这些金融机构获取实际或潜在的资源。企业与金融机构建立的关联关系是天然的、长期的，政府干预较少，对企业与金融机构间的合作和监督有着积极作用。企业建立金融股权关联最直接的经济后果是对债务融资的影响，这正是本章所要深入研究的主题。

5.1 理论分析与研究假设

5.1.1 金融股权关联与债务融资规模、债务融资成本

（1）资源效应。

我国正处于转型市场经济中，鉴于新兴市场机制的不完善，企业通常凭借人际关系和声誉等替代机制来缓解融资约束问题（Allen et al., 2005）。从古至今我国有着非常重视关系的传统文化，国人认为企业基业长青的基本前提就是经营者具有强大的社会网络关系。换而言之，关系不但是一种资源，还是一种可以调动以及获取资源的资源（邓建平和曾勇，2011）。边燕杰和丘海

雄（2000）认为企业不是独立存在的个体，而是与资本市场中各个生产要素紧密联系的，这种通过关联关系取得稀缺资源的能力即为企业的社会资本。企业同金融机构建立的金融股权关联正是拓展关系网络和取得社会资本的重要途径，从而可能影响金融机构的投资决策。根据社会资本理论，股权关联的构建使企业嵌入金融机构的关系网络中，能够获取实际的和潜在的金融资源。金融机构作为企业资金来源的主要渠道，企业和金融机构构建的紧密联系可以获取大量资金（Porta et al.，2003；Charumlind et al.，2006）。企业搭建的金融桥梁除了能够获得金融资源与融资优势，还能够通过金融关系增强获得其他资源的能力，从而提高债务融资规模和降低债务融资成本。

（2）信息效应。

宏观经济政策的不稳定性导致微观企业经营环境的不确定性，金融机构与企业之间因为层级产生的"信息距离"问题引发学者广泛探讨（Petersen and Rajan，2002）。私有信息主要是指难以量化的软信息，例如，金融人才针对行业趋势和市场形势谋划的金融策略，私有信息带来的距离问题不但增加了信息传递成本，还使非关联企业缺乏特定信息渠道而无法获取上层单元的私有信息（Agarwal and Hauswald，2010）。企业通过与金融机构建立关联可获取金融机构凭借特殊渠道获得的私有信息（陈栋等，2012），会计信息增量能够提高债权人对企业的整体评价，信息不对称程度的降低可以取得债权人的信任与支持，进而增加债务融资规模。此外，金融股权关联的形成让企业和金融机构成为利益共同体，在同等条件下利益的捆绑使关联双方意见统一，进而实现利益最大化（黄小琳等，2015）。关联双方的信息交流使金融机构了解并且监督企业经营活动，彼此内部信息的增加在一定程度上弱化了信息不对称的矛盾，减少了交易成本及信息风险，进而提高企业的债务融资水平。

金融股权关联为企业提供了隐性保护和声誉机制，增强了金融机构、监管部门及外部投资者等对企业经营活动的信心。孙铮等（2005）强调银行相信拥有良好信用和声誉的企业有能力履行债务融资契约，所以这类企业与银行的契约履行成本较低，有助于提升企业的融资水平。金融股权关联为企业提供了一种潜在的担保和声誉，其产生的声誉机制和惩罚机制对企业具有约束作用，进而使企业更易获取投资者的信任。当金融机构帮助企业获得融资时，在一定程度上约束了企业的机会主义行为，有效避免企业向金融机构提供虚假信息，这有助于解决金融机构与企业的信息不对称问题。因此，金融股权关联是一种积极的信号,这种"信号显示"具有隐性保护作用,能够为企业带来更多的债务融资。

基于以上分析,金融股权关联的资源效应和信息效应能够提高企业的债务融资水平,具体表现为获取较大的债务融资规模和较低的债务融资成本,因此提出如下假设:

假设5-1a:金融股权关联程度越高,企业获得的债务融资规模越大和债务融资成本越低。

现阶段,我国企业的金融关联仍然处于初级水平,虽然企业和金融机构建立了关联关系,但是两者没有实现真正意义上的互动,甚至有时处于割裂状态(张庆亮和孙景同,2007)。金融股权关联作用下的利益双方并不总是良性互动产生协同效应,若关联一方通过持股另一方而处于强势地位,提高了其控制能力和要约影响,协同关系是否会变成竞争关系取决于强势方的经济动机。例如,有些企业形成金融股权关联的动机是追逐短期利益,而非从企业战略出发,则建立关联的成本费用可能导致债务融资成本增加。金融股权关联使金融机构容易获得企业的内部信息,"信息俘获"可能诱发高额垄断性租金,即套牢问题。为了缓解套牢问题,企业将与多家金融机构保持紧密联系,使金融机构为垄断租金而竞争,这将增加企业的交易费用(何靭等,2012)。金融机构一旦形成信息垄断,迫使企业签订有利于金融机构的融资合同,金融机构的信息垄断和定价优势甚至会造成其他金融机构不向企业提供金融资源(Byrd and Mizruchi,2005),从而降低企业的债务融资水平。

由于委托代理矛盾和监督管理弱化,金融股权关联形成的产融结合平台可能沦为利益"寻租"的工具,并且金融股权关联产生的预算软约束问题也可能扭曲信贷融资的杠杆治理,最终导致企业资本配置不合理(刘星和蒋水全,2015)。具体而言,金融股权关联取得的融资平台可能成为管理层"寻租"的渠道,管理层的私利动机导致自由现金流投向净现值为负的项目,则增加了代理成本(陈运森等,2015)。债权人有效的监督作为公司的治理机制能够缓解代理问题,一般情况下,金融机构通过监管功能的发挥可以抑制管理层的机会主义行为。然而,金融股权关联使金融机构的监督弱化,反而加剧了代理问题。此外,企业获得金融资源付出的"寻租"成本有可能侵占企业其他资源。根据以上分析,提出如下假设:

假设5-1b:金融股权关联程度越高,企业获得的债务融资规模越小和债务融资成本越高。

5.1.2　金融股权关联与债务融资结构

金融股权关联对债务融资的影响未区分债务融资的来源，现有文献对于两者关系的研究较为笼统，并未剖析债务融资来源以及各构成部分的边际贡献。因此，有必要将债务融资分为银行贷款、公司债券和商业信用，深刻分析其各部分的作用机制，比较金融股权关联对银行贷款、公司债券和商业信用的差异。

银行作为专门的信贷机构在缓解信息不对称方面拥有明显优势，能够利用内部信息甄别贷款企业，则银企关系是检验企业经营状况的信号，这种信号也影响了企业的债务融资水平（杨兴全和孙杰，2007）。一方面，金融股权关联使企业嵌入金融机构的网络关系中，能够获取实际和潜在的金融资源，这为债权人传递了企业偿债能力的积极信号；另一方面，信息不对称是企业产生债务融资约束的主要原因，由此带来的逆向选择问题导致债务融资成本增加。金融股权关联能够拓宽企业与金融机构的信息沟通渠道，有效提高两者之间信息交流的真实性与及时性。企业参股金融机构还可缓解缔约后的道德风险问题。金融机构往往需要支付较高的成本来监督企业贷款资金流向以及信贷风险，而企业与金融机构的信息沟通减少了监控成本，从而增加银行贷款规模以及降低银行贷款利率。

随着我国债券市场的不断发展，债券融资已是企业进行债务融资的重要方式。客观上，债券市场的发展不仅削弱企业对银行贷款的依赖，还完善企业债务融资的环境、降低债务融资成本以及优化企业资本结构（徐忠，2015）。债券投资者由于信息不对称无法掌握企业真实的财务状况，较高的投资风险使债券发行企业须支付高额回报作为投资者的补偿。企业债券发行者与投资者信息不对称程度越高，投资者索取的风险补偿也越高，企业债券的融资成本就越大（Duffie and Lando，2001；周宏，2012；林晚发等，2013）。金融股权关联的建立向外部传递了积极信号，加强了企业在债务市场的声誉，并且关联金融机构提供的隐性担保提高了其信用评级（Morgan，2000）。因此，金融股权关联的信号传递机制和隐性担保作用使债券投资者普遍认为金融股权关联程度越高，发债主体违约风险就越低。

商业信用交易过程中供应商的账款回收须有相应的制度保障,健全的社会信用体系能使供应商获取企业的信用记录和财务状况,进而判别企业按时偿还款项的意愿和能力。目前,我国没有为商业信用提供正式制度的保障,企业同金融机构建立的股权关联关系可视为商业信用的一种保障机制。Kreps(1990)认为企业是声誉的载体,具有把一次性博弈转化为重复博弈的机制特点。一方面,企业与金融机构股权关联的构建使其镶嵌于社会声望中,声誉抵押的存在增加了商业交易中供应商的信任程度。从成本收益原则来看,信任是在重复博弈中企业寻求长期利益最大化的重要途径,对于交易双方而言,稳定的心理预期降低了由信息不对称形成的交易成本(Kreps and Wilson,1982)。另一方面,声誉机制对企业的经营活动产生监督与约束,为供应商提供了非正式的保险作用。一旦企业在商业信用中发生违约行为,将遭受更大的声誉损失,故拥有金融关联的企业会尽可能避免违约事件,减少信息不对称的负面影响,这有助于达成商业交易以及提高经济效率。

综上所述,金融股权关联对银行贷款、公司债券和商业信用三种债务融资方式具有显著的影响。银行贷款、公司债券和商业信用相应的资金提供者分别为金融机构、债券投资者和供应商。金融机构、债券投资者和供应商作为不同性质的债务投资者,其债权治理效果、获取资源和信息能力、防范信息风险方面不同,对金融股权关联的关注程度和依赖程度也不同,所以金融股权关联对银行贷款、公司债券和商业信用的影响程度存在异质性。

(1)从债权治理效果方面来看,Diamond(1984)认为金融机构获取和处理借款人私人信息的成本较低,并且监控更有效率。银行根据签订贷款契约得到企业内部信息,促使逆向选择风险减小;贷款契约中的限制性条款可降低道德风险,因此银行对企业的监督力度最大(Shleifer and Vishny,1997)。金融机构可以监督借款人的财务状况,当企业陷入财务困境时直接控制其经营重组活动(Fama,1985)。集中持股有助于金融机构通过信息优势发挥监控作用以及抑制管理层的自利行为(Lin et al.,2013)。金融股权关联使金融机构能够获知企业内部信息,降低了逆向选择和道德风险,因而有助于企业获得更多的银行贷款。

公司债券的发行通常要求其资信良好或者信息披露严格,金融股权关联的信息效应降低了企业与投资者的信息不对称,在某种程度上发挥着监督治理的作用(Cutillas Gomariz and Sánchez Ballesta,2014)。然而,不同于银行贷款单一的债权人，由于债券面向市场发行，债权人数量众多容易滋生"搭便车"行为，导致债权人监督的激励削弱（Diamond，1984）。债券投资者即使有监控企业行为的意愿，鉴于监督成本及重复监控行为，企业债券的监督效率也低于银行贷款（Houston and James，1996）。因此，由于企业债券的债权人主体不明确难以发挥治理功能，造成企业的债务融资效率下降。

不同于银行贷款和公司债券，作为金融市场有效补充的商业信用是一种非正式的债务融资方式，商业信用在金融欠发达国家的债务融资影响更为明显（Fisman and Love，2003）。商业信用发挥债权人的监督治理效应，这使供应商比银行债权人与债券投资者更易产生监督以及控制（张亦春等，2015）。依据企业与供应商密切的长期合作关系，交易双方可以获取彼此经营状况来增加信息透明度，通过降低信息不对称程度发挥监督治理作用（Wu et al.，2014）。相对于银行贷款和公司债券，商业信用中企业与供应商的长期贸易关系使交易双方拥有绝对的信息优势。相比金融股权关联对银行贷款和公司债券的直接作用，商业信用对金融股权关联的依赖较为间接，所以金融股权关联对商业信用的影响最弱。

（2）从获取资源和信息能力方面来看，相对于债券投资者和供应商，金融机构能够直接为企业带来金融资源，且拥有更好的渠道获取企业私有信息（Bharath et al.，2007）。企业作为借款人倾向于为小部分贷款银行而非大部分投资者披露其私有信息（Bhattacharya and Chisea，1995）。因此，金融机构、债券投资者和供应商取得资源和信息的能力存在差异，尤其在我国转型的资本市场中，具有信贷权力的金融机构获取的信息远远高于债券投资者和供应商。

（3）从防范信息风险方面来看，不同于商业信用，银行贷款和公司债券的债务合同通常是具有弹性的复合性条款，主要包含利息、到期日和抵押品等。银行作为贷款人，不同于大量分散的债券投资者，银行通过利息成本、到期条款和抵押品条款等能够调整与企业由于信息不对称形成的风险收益关系，则银行防范信息风险的能力最强（蒋琰，2009）。金融股权关联使金融机构与企业的关系更加密切，详尽的债务合约和信息优势能够为企业带来丰富的金融资源，所以金融股权关联对银行贷款的影响要大于对公司债券和商业信用的影响，即银行贷款对于金融股权关联的变化更为敏感。基于以上分析，提出如下假设：

假设 5-2：金融股权关联对债务融资结构的影响存在异质性，即金融股权关联对银行贷款、公司债券、商业信用规模和成本的影响程度逐渐递减。

5.2 研究设计

5.2.1 样本选取与数据来源

由于 2006 年我国会计准则发生重大变化，新会计准则于 2007 年 1 月 1 日率先在上市公司中执行，因此选取 2007~2016 年沪深两市 A 股主板上市公司作为初选样本，并且进行以下筛选：(1) 剔除 ST 的上市公司，以保证研究样本性质的一致性；(2) 由于金融行业具有特殊性，则剔除金融行业的上市公司；(3) 剔除财务数据缺失的上市公司；(4) 由于本章研究涉及滞后一期的处理方法，则剔除 IPO 当年的上市公司。为了消除极端值对研究结果的影响，对所有连续型变量进行了 1% 缩尾处理。

上市公司的财务数据等来源于国泰安（CSMAR）数据库，其中上市公司持有非上市金融机构股权的数据来源于万德（Wind）数据库，而上市公司持有上市金融机构股权的数据来源于上市金融机构的年报信息，通过手工搜集与整理而得。特别说明的是，国泰安中国上市公司银行贷款数据库中只对上市公司发布的银行贷款公告进行了披露，为了保证银行贷款数据的完整性，对上市公司财务报告的附注进行了手工搜集与信息整合，包括当年每笔新增的有息银行贷款的起止日期、贷款金额和利率水平。运用统计软件 Stata 15 进行数据处理。

5.2.2 模型设定与变量定义

(1) 由于上市公司持股金融机构和公司特征可能存在内生关系，采用 Heckman 两阶段模型（Fohlin，1988；陈栋和陈运森，2012）。第一阶段，首先，运用 Probit 回归估计模型（5-1），依据模型（5-1）中的影响因素计算出企业持股金融机构的概率;其次,通过预测结果分别估计持股金融机构与非持股金融机构的逆米尔斯系数(IMR);最后,将逆米尔斯系数置入后续检验模型中,并作为回归模型内生性问题的控制变量。借鉴已有研究发现以下因素可能影响企业持有金融机构股权,具体如模型(5-1)所示:

$$FC = \alpha_0 + \alpha_1 PreSize + \alpha_2 PreROA + \alpha_3 PreGrowth + \alpha_4 PreCash \\ + \alpha_5 PreTobinQ + \alpha_6 PreAge + \alpha_7 State + \alpha_i Ind + \alpha_j Year + \varepsilon \quad (5-1)$$

其中,FC 表示企业是否持有金融机构股权的虚拟变量,当企业持有金融机构股权时为 1,否则为 0。借鉴陈栋和陈运森(2012)的研究,银行业对股东持股比例的严格限制致使股权结构分散,依据证监会规定银行业控制股东"实质重于形式"的原则以及前十大股东对企业的经营决策产生重大影响,将持有金融机构股权超过 2% 并且作为前十大股东的企业定义为持有金融机构股权的企业。金融机构主要包括银行、保险、证券、基金、期货和信托等,其中银行仅指商业银行,不含中国人民银行和政策性银行。PreSize 表示期初企业规模,为总资产的自然对数;PreROA 表示上期盈利能力,为资产收益率;PreGrowth 表示上期成长能力,为营业收入增长率;PreCash 表示上期现金持有水平,为现金及现金等价物除以总资产;PreTobinQ 表示上期投资机会,为市场价值除以总资产;PreAge 表示期初上市年限,为上市年限的自然对数;State 表示产权性质的虚拟变量,当企业是国有企业时为 1,否则为 0;Ind 和 Year 分别表示控制行业和年度效应的虚拟变量。

第二阶段,为检验假设 5-1 金融股权关联对债务融资规模和债务融资成本的影响,构建以下模型:

$$LEV = \beta_0 + \beta_1 FCS + \beta_2 Size + \beta_3 ROA + \beta_4 Growth + \beta_5 Fixass \\ + \beta_6 Intcov + \beta_7 CF + \beta_8 Share + \beta_9 Age + \beta_{10} State \\ + \beta_{11} IMR + \beta_i Ind + \beta_j Year + \varepsilon \quad (5-2)$$

$$COD = \beta_0 + \beta_1 FCS + \beta_2 Size + \beta_3 ROA + \beta_4 Growth + \beta_5 Fixass \\ + \beta_6 Intcov + \beta_7 CF + \beta_8 Share + \beta_9 Age + \beta_{10} State \\ + \beta_{11} IMR + \beta_i Ind + \beta_j Year + \varepsilon \quad (5-3)$$

模型(5-2)和模型(5-3)的被解释变量分别是债务融资规模 LEV 和债务融资成本 COD。其中,债务融资规模采用资产负债率表示,该指标越高意味着企业从外部债务人获取的债务融资越多,较高的资产负债率代表企业具有获得外部债务融资的能力。债务融资成本借鉴 Pittman and Fortin(2004)、蒋琰（2009）的研究，采用如下公式来度量 COD：

$$债务融资成本 = \frac{利息支出}{总负债} \quad (5-4)$$

模型中的解释变量是金融股权关联 FCS，金融股权关联是指企业持有金融机构股权大于 2% 且为金融机构的前十大股东。当上市公司同时持股多家金融机构时，选取持股比例最大的一项。

借鉴已有研究，对所有假设控制了其他可能对债务融资产生影响的因素。控制变量包括企业规模（Size）、盈利能力（ROA）、成长能力（Growth）、固定资产比例（Fixass）、利息保障倍数（Intcov）、经营现金流量（CF）、第一大股东持股比例（Share）、上市年限（Age）和产权性质（State），并且引入行业和年度虚拟变量对行业和时间干扰因素加以控制。模型中具体变量定义见表 5-1。

（2）为检验假设 5-2 金融股权关联对债务融资结构的影响，构建以下模型：

$$Bank = \beta_0 + \beta_1 FCS + \beta_2 Size + \beta_3 ROA + \beta_4 Growth + \beta_5 Fixass + \beta_6 Intcov + \beta_7 Age + \beta_8 State + \beta_i Ind + \beta_j Year + \varepsilon \quad (5-5)$$

$$Bond = \beta_0 + \beta_1 FCS + \beta_2 Size + \beta_3 ROA + \beta_4 Growth + \beta_5 CF + \beta_6 Bondsize + \beta_7 MAT + \beta_8 Bondrate + \beta_9 Put + \beta_{10} Age + \beta_{11} State + \beta_i Ind + \beta_j Year + \varepsilon \quad (5-6)$$

$$TC = \beta_0 + \beta_1 FCS + \beta_2 Size + \beta_3 ROA + \beta_4 Growth + \beta_5 Fixass + \beta_6 CF + \beta_7 Age + \beta_8 State + \beta_i Ind + \beta_j Year + \varepsilon \quad (5-7)$$

进一步地，检验银行贷款、公司债券和商业信用组间系数差异的显著性，参照 Bharath（2008）和蒋琰（2009）的计量方法，构建选择模型且运用 Chow 检验来解决问题。具体方法为先比较银行贷款和公司债券，再比较公司债券和商业信用。以银行贷款和公司债券为例，解释变量仍是金融股权关联（FCS），被解释变量 Y 分为两个部分，前半部分为银行贷款（Bank），后半部分为公司债券（Bond）。设置一个虚拟变量与金融股权关联的交互变量 $D_1 FCS$，当被解释变量为银行贷款时，则虚拟变量 $D_1 = 1$，当被解释变量为公司债券时，则虚拟变量 $D_1 = 0$。对于银行贷款和公司债券的共同控制变量企业规模（Size）、资产收益率（ROA）、主营业务增长率（Growth）、上市年限（Age）引入模型，而各自的控制变量运用同样方法设置新的交互变量引入模型，因此模型的具体形式如下：

$$\begin{cases} Y(\lambda=1,2) = f\{FCS, D_1FCS, Size, ROA, Growth, Age, D_2Fixass, D_3Intcov, \\ \qquad D_4CF, D_5Bondsize, D_6MAT, D_7Bondrate, D_8Put\} \\ \qquad + \beta_i Ind + \beta_j Year + \varepsilon \\ If\ \lambda=1, then\ Y = Bank, \\ D1 = D2 = D3 = 1, D4 = D5 = D6 = D7 = D8 = 0; \\ If\ \lambda=2, then\ Y = Bond, \\ D1 = D2 = D3 = 0, D4 = D5 = D6 = D7 = D8 = 1; \end{cases}$$

(5-8)

构建选择模型后运用 Chow 检验比较银行贷款和公司债券组间系数差异的显著性。公司债券和商业信用的组间系数差异验证同理。

模型（5-5）、模型（5-6）和模型（5-7）的被解释变量分别是债务融资结构中的银行贷款（Bank）、公司债券（Bond）和商业信用（TC）。借鉴胡奕明和唐松莲（2007）对银行贷款成本的计量方法，贷款利率是企业当年所有新增短期贷款和长期贷款的加权平均利率，具体公式如下：

$$银行贷款成本 = \frac{\sum(当年每笔新增银行贷款年利率 \times 贷款金额)}{\sum 当年每笔新增银行贷款金额}$$

(5-9)

在银行贷款数据手工整理过程中，删除贷款明细信息（包括贷款起止日期、金额和年利率）不完整的企业。若银行贷款利率依据基准利率、浮动利率和市场利率确定，应以中国人民银行发布的对应日期的基准利率为准，若银行贷款利率依据 LIBOR、HIBOR 等加基点确定贷款利率的，应以国泰安数据库发布的对应日期的利率计算。

借鉴 Jiang（2008）的研究，信用利差代表公司债券本身的投资价值，也体现债券定价对投资者的风险补偿，则采用信用利差计量公司债券成本。公司债券成本 = 债券到期收益率 - 同期国债收益率。其中，同期国债是指与公司债券发行时间和到期期限相同的国债；国债发债期限通常为1、2、3、5、7、10、15、20、30年等，对于其他年限的国债收益率将运用线性插值法计算所得。

区别于银行贷款和公司债券，商业信用不用支付利息，其成本主要表现为不同信用模式产生的交易成本。在商业信用交易中，预付账款、应付票据和应付账款三种模式表示企业不同的交易成本。对于企业而言，提前支付货款意味着供应商不信任由企业声誉形成的信用担保，预付账款作为实物担保必然是商业信用交易成本的最高形式，参照刘凤委等（2009）的做法，商业信用成本＝预付账款/总资产；应付票据通常伴随着复杂的核对签发过程，并且银行中间环节的设置使企业的商业交易成本较高，商业信用成本＝应付票据/（应付票据＋应付账款），用于稳健性检验；应付账款通常在企业与供应商相互信任的情况下使用，成为交易成本最低的商业信用模式。

模型中其他控制变量具体定义见表5–1。

表5–1　　　　　　　　　　变量定义

变量类型	变量名称	变量代码	变量定义
被解释变量	债务融资规模	LEV	负债总额/总资产
	债务融资成本	COD	利息支出/总负债
	债务融资结构	Bank	银行贷款规模（Bank1）＝（短期借款＋长期借款）/总资产
			银行贷款成本（Bank2）根据公式所得
		Bond	公司债券规模（Bond1）＝应付债券/总资产
			公司债券成本（Bond2）＝债券到期收益率－同期国债收益率
		TC	商业信用规模（TC1）＝（应付账款＋应付票据＋预收账款）/总资产
			商业信用成本（TC2）＝预付账款/总资产
解释变量	金融股权关联	FCS	企业持有金融机构股权大于2%的比例且为金融机构的前十大股东
控制变量	公司规模	Size	总资产的自然对数
	盈利能力	ROA	净利润/总资产
	成长能力	Growth	（本年营业收入－上年营业收入）/上年营业收入
	固定资产比例	Fixass	固定资产/总资产
	利息保障倍数	Intcov	息税前利润/利息费用
	经营现金流量	CF	经营活动产生的现金流量/总资产
	第一大股东持股比例	Share	第一大股东持股比例

续表

变量类型	变量名称	变量代码	变量定义
控制变量	托宾Q值	Q	市场价值/账面价值
	债券规模	Bondsize	债券发行规模的自然对数
	债券剩余期限	MAT	债券到期年份减去观测年份
	债券评级	Bondrate	AA−为1，AA为2，AA+为3，AAA为4
	是否回售	Put	有约定回售条款取1，否则为0
	上市年限	Age	上市年限的自然对数
	产权性质	State	当企业最终控制人是国有为1，否则为0
	行业控制变量	IND	为该行业时取1，否则为0
	年度控制变量	Year	为该年份时取1，否则为0

5.3 实证分析

5.3.1 描述性统计分析

表5-2列示了金融股权关联的样本分布情况。由表可知，证监会的严格要求使2007~2009年建立金融股权关联的企业数量出现暂时下降。然而，2010~2016年总体来说，持股金融机构的企业所占比例呈上升趋势。样本区间平均每年有21.6480%的企业持有金融机构股权大于2%且为前十大股东，表明企业构建金融股权关联的情况相对普遍。

表5-2　　　　　金融股权关联的样本分布情况

年度	总样本数	金融股权关联样本数	金融股权关联占比（%）
2007	759	130	17.1278
2008	719	131	18.2197
2009	617	106	17.1799
2010	635	125	19.6850
2011	1024	204	19.9219
2012	1068	239	22.3783

续表

年度	总样本数	金融股权关联样本数	金融股权关联占比（%）
2013	1106	244	22.0615
2014	1084	241	22.2325
2015	1067	279	26.1481
2016	1132	295	26.0601
合计	9211	1994	21.6480（均值）

表5-3列示了主要变量的描述性统计。债务融资规模（LEV）的平均值为53.72%，说明债务是上市公司资产扩张的主要方式之一。债务融资成本（COD）的最大值为7.21%，最小值为0.01%，说明不同上市公司取得债务融资成本的差异较大。债务融资结构方面，银行贷款规模（Bank1）与商业信用规模（TC1）均值之和占资产负债率均值的68.71%，表明企业债务融资的主要来源是银行贷款和商业信用两个方面，而公司债券规模（Bond1）均值仅占资产负债率均值的9.74%；银行贷款成本（Bank2）、公司债券成本（Bond2）和商业信用成本（TC2）的均值分别为5.4683、2.0900和0.0317，说明企业采用不同的债务融资方式的成本差异较大。上市公司金融股权关联（FCS）均值仅有3.42%，表示上市公司持有金融机构股权比例超过2%且为前十大股东的公司较少；金融股权关联的最大值为49%，最小值为0，表明不同上市公司的持股比例差异较大。

公司规模（Size）的平均值和标准差分别为22.4452和1.3713，表明不同上市公司之间的规模存在一定差异。资产收益率（ROA）的平均值和中位数分别是0.0314和0.0283，最大值和最小值分别是0.1907和-0.2380，代表有些上市公司资产的盈利能力很强，而有些上市公司很差，上市公司在盈利能力方面具有异质性。同理，成长能力（Growth）也存在很大差异，最大值是5.1711，最小值是-0.6341，表明有些上市公司收入实现了数倍的快速增长，有些公司则出现了非正常的萎缩；Growth的平均值是0.1899，意味着我国上市公司的年均营业收入增长率接近20%，处于较快的增长期。根据产权性质（State）将总体样本分为国有上市公司和非国有上市公司，产权性质的平均值为66.23%，表明我国A股上市公司中大部分为国有公司，这与我国证券市场以国有上市公司为主的格局一致。第一大股东持股比例（Share）的平均值和中位数分别为36.5015和34.3800，表明上市公司赋有较高的股权集中度。综合而言，表5-3的主要变量没有异常值，并且平均值与中位数整体上比较接近，表明样本的主要变量基本符合正态分布，并且不存在严重偏差。

表5-3　　　　　　　　　主要变量的描述性统计

变量	样本量	最大值	最小值	平均值	中位数	标准差
LEV	9211	1.1612	0.1072	0.5372	0.5433	0.1977
COD	9211	0.0721	0.0001	0.0251	0.0238	0.0161
Bank1	9211	0.6949	0.0000	0.2019	0.1810	0.1638
Bank2	3360	11.0926	1.0800	5.4683	5.8487	1.7282
Bond1	2616	0.2204	0.0000	0.0974	0.0897	0.0560
Bond2	510	5.1600	-3.2000	2.0900	2.0300	1.4738
TC1	9211	0.5702	0.0048	0.1672	0.1332	0.1277
TC2	9211	0.2209	0.0001	0.0317	0.0180	0.0398
FCS	9211	0.4900	0.0000	0.0342	0.0000	0.0911
Size	9211	26.2455	19.2488	22.4452	22.3170	1.3713
ROA	9211	0.1907	-0.2380	0.0314	0.0283	0.0553
Growth	9211	5.1711	-0.6341	0.1899	0.0911	0.6203
Fixass	9211	0.7706	0.0017	0.2579	0.2183	0.1911
Intcov	9211	222.6862	-258.8832	3.3785	3.0365	44.8524
CF	9211	0.2605	-0.2008	0.0438	0.0437	0.0768
Share	9211	77.1300	8.5000	36.5015	34.3800	15.8712
Bondsize	510	4.7005	0.6931	2.4126	2.3026	0.8013
MAT	510	15.0000	0.0000	5.3347	5.0000	1.6929
Bondrate	510	4.0000	0.0000	2.9307	3.0000	0.8712
Put	510	1.0000	0.0000	0.6238	1.0000	0.4849
Age	9211	24.0000	2.0000	14.2386	15.0000	5.0548
State	9211	1.0000	0.0000	0.6623	1.0000	0.4730

5.3.2　实证检验与结果分析

表5-4列示了克服样本内生性问题后，金融股权关联对债务融资规模和债务融资成本的Heckman两阶段回归结果。由表中第一阶段回归结果可知，企业规模、盈利能力、成长能力、现金持有、上市年限和产权性质是影响企业

持股金融机构的重要因素。从第二阶段回归结果可知，第四列 FCS 的回归系数在 1% 的统计水平上为正数；第五列 FCS 的回归系数在 5% 的统计水平上为负数，表明金融股权关联与债务融资规模呈显著正相关关系；金融股权关联与债务融资成本呈显著负相关关系。具体而言，企业凭借与金融机构建立的紧密联系，能够获得社会资金以及增加债务融资方式，并且金融股权关联具有信号传递功能，企业通过金融机构的隐性担保摆脱财务困境，从而提升债务融资水平。由于企业内部市场拥有信息和激励优势，企业与金融机构建立的股权关联使外部融资成本内在化，通过降低经营风险和优化资源配置形成财务协同效应。由此，金融股权关联程度越高，企业获得的债务融资规模越大和债务融资成本越低，假设 5-1a 得到验证。

此外，书中控制了公司规模（Size）、盈利能力（ROA）、成长能力（Growth）、固定资产比例（Fixass）、利息保障倍数（Intcov）、经营现金流量（CF）、第一大股东持股比例（Share）、上市年限（Age）、产权性质（State）、行业（IND）、年度（Year）对企业债务融资的影响，大多数回归结果与已有研究一致，个别系数与预期符号相反可能是受到其他未知因素的干扰。

表 5-4　金融股权关联与债务融资规模、债务融资成本的回归结果

一阶段回归：		二阶段回归：		
	FC		LEV	COD
PreSize	0.3819*** (23.1966)	FCS	0.0714*** (3.6381)	-0.0995*** (-2.5979)
PreROA	-0.6832* (-1.8164)	Size	0.0842*** (21.8202)	0.0467*** (8.0092)
PreGrowth	-0.0833*** (-3.0090)	ROA	-1.6056*** (-19.5115)	-1.1887*** (-10.5834)
PreCash	-0.5115*** (-2.9901)	Growth	0.0503*** (6.9229)	-0.0001 (-1.1679)
PreTobinQ	0.0084 (0.5589)	Fixass	0.0343* (1.6667)	0.3610*** (12.6618)
PreAge	0.0065* (1.7739)	Intcov	0.0000 (0.3391)	0.0002* (1.7071)

续表

一阶段回归：		二阶段回归：		
	FC		LEV	COD
State	−0.0978*** (−2.6625)	CF	0.1097** (2.0904)	0.0571 (0.7664)
		Share	0.0005** (2.0414)	0.0006** (2.0126)
		Age	0.0003 (0.3634)	0.0047*** (3.9800)
		State	0.0379*** (4.5723)	0.0259** (2.1695)
Constant	−7.8907*** (−21.5546)	Constant	0.5864*** (24.2372)	−0.6353*** (−4.2624)
IND	控制	IND	控制	控制
Year	控制	Year	控制	控制
		Wald chi^2	487.7620	235.0888
		Prob > chi^2	0.0000	0.0000
N	9211	N	9211	9211

注：一阶段回归中括号内为 z 值，二阶段回归中括号内为经过异方差调整后的双尾检验 t 值；***、** 和 * 分别表示在1％、5％和10％水平上显著。

表 5-5 为金融股权关联与债务融资结构的回归结果。由表 5-5 前四列 FCS 的估计系数可知，金融股权关联与银行贷款规模、公司债券规模、商业信用规模都表现出显著的正相关关系，然而三者的 FCS 系数逐渐降低，分别为 0.1058、0.0513 和 0.0265。经由 Chow 检验，银行贷款和公司债券、公司债券和商业信用两组的 P 值均为 0.0000，即在1％水平上显著。金融股权关联与银行贷款成本、公司债券成本、商业信用成本同理。Burch et al.（2005）认为基于业务合作的关系构建关联具有稳定性，同时"忠诚"的关系能够为企业带来持续稳健的收益。从事前看，金融关联的资源效应可以降低债权人的信息搜集成本及未来回报的协商成本，企业与金融机构的紧密关系提高了企业偿债能力，增加了债权人对企业的信任程度；从事后看，金融股权关联的声誉效应可降低债权人对企业的监督与执行成本，通过减少债权人的信用风险来获取较低

成本的债务融资。进一步分析，银行贷款是企业债务融资的最主要来源，具有贷款金额较大、期限较长和债权人专业性强的特征，金融机构通过运用内部信息强化贷款企业的监管，提高对融资企业的约束力。相对于银行贷款，公司债券投资者比较分散并且债权规模小，一般具有"搭便车"的动机，由于缺少能力和经验无法对企业实施有效的监控，则金融股权关联对公司债券的影响小于银行贷款。实际上，商业信用自身能够发挥强烈的监督作用，商业交易活动促使供应商比银行贷款和公司债券更易形成控制和监督（张亦春等，2015），则金融股权关联对商业信用的影响最小，因此假设 5-2 得到验证。

表 5-5　　　　　金融股权关联与债务融资结构的回归结果

变量	Bank1	Bond1	TC1	Bank2	Bond2	TC2
FCS	0.1058 *** (5.1002)	0.0513 *** (2.8132)	0.0265 * (1.8770)	-0.8594 *** (-2.6553)	-0.6759 * (-1.6906)	-0.0341 * (-1.8612)
Size	-0.0259 *** (-2.8407)	-0.0158 *** (-6.9306)	-0.0011 (-1.1670)	-1.0984 *** (-3.6503)	1.1320 * (1.8594)	0.0022 (1.0257)
ROA	-0.3788 *** (-9.0555)	-0.2062 *** (-3.1164)	-0.0670 *** (-3.6215)	-1.3081 ** (-2.1527)	-3.5144 * (-1.8400)	-0.1018 *** (-2.8044)
Growth	0.0025 (1.0265)	-0.0100 *** (-2.7783)	-0.0028 ** (-2.5681)	0.0591 ** (2.1122)	0.0344 (0.2989)	0.0033 (1.3895)
Fixass	0.3682 *** (33.5987)		-0.1837 *** (-35.9184)	-0.7045 *** (-3.7202)		-0.1239 *** (-8.3111)
Intcov	0.0003 *** (7.8422)			0.0011 ** (1.9762)		
CF		-0.0417 (-1.2056)	0.1374 *** (10.8648)		-3.3923 *** (-3.4840)	-0.2082 *** (-8.3531)
Share	-0.0001 (-1.1743)			-0.0014 (-0.7962)		
Bondsize					0.4844 (1.1593)	
MAT					-0.9015 *** (-3.5657)	
Bondrate					-0.5255 ** (-2.1772)	

续表

变量	Bank1	Bond1	TC1	Bank2	Bond2	TC2
Put					−0.1445 (−1.1919)	
Age	0.0003 (0.8280)	−0.0011** (−2.4144)	−0.0070*** (−11.0357)	0.0228*** (3.5690)	0.0139 (1.3916)	0.0003 (0.7241)
State	−0.0185*** (−4.2984)	0.0059 (1.1148)	0.0062** (2.3776)	−0.5136*** (−8.6882)	−1.1609*** (−9.6425)	−0.0209*** (−4.1802)
Constant	0.1853*** (16.7752)	0.7304*** (13.7050)	0.0539*** (2.6760)	7.3493*** (26.4808)	1.7525*** (3.2512)	0.1034** (2.1440)
IND	控制	控制	控制	控制	控制	控制
Year	控制	控制	控制	控制	控制	控制
Adj−R^2	0.1840	0.3667	0.3970	0.3435	0.4670	0.1716
F−Value	134.9497	27.4883	336.2933	28.7938	9.3141	40.2689
P值 (Chow检验)	0.0000***		0.0000***		0.0000***	0.0000***
N	9211	2616	9211	3360	510	9211

注：***、**和*分别表示在1%、5%和10%水平上显著，括号内的值为t值。

5.4 稳健性检验

为了增加研究结论的可靠性，进行全面的稳健性检验。

（1）内生性检验。

企业债务融资在较多的情况下可能持有金融机构股权，则金融股权关联对债务融资产生的积极作用可能存在内生性问题。借鉴 Lu et al.（2012）的做法，选取企业所在省份的人口总数（People，定义为企业所在省份人口总数的自然对数）作为工具变量，运用两阶段最小二乘法（2SLS）进行内生性检验。检验结果如表5-6所示，金融股权关联与债务融资规模、债务融资成本的弱工具变量检验的F值分别为17.0647和20.7718，大于10，并且P值为0.0000，拒绝了存在弱工具变量的原假设。控制内生性问题后，InstrumentedF-CS的系数分别为0.3307和−0.1031，并且在1%和5%的水平上显著，此检验结果和前面结论保持一致。

表5-6　金融股权关联与债务融资规模、债务融资成本的检验结果（一）

变量	First-stage FCS	Second-stage LEV	First-stage FCS	Second-stage COD
InstrumentedFCS		0.3307*** (2.8525)		-0.1031** (-2.3329)
People	0.0035*** (2.7630)		0.0059*** (4.4928)	
Size	0.0196*** (29.3061)	-0.0245 (-1.0443)	0.0255*** (5.2985)	0.0080*** (5.2339)
ROA	-0.0259 (-1.5543)	-1.3307*** (-15.2685)	0.0544*** (2.9109)	-0.0374*** (-7.5468)
Growth	-0.0036*** (-3.0452)	0.0326*** (5.7019)	-0.0034*** (-2.7551)	-0.0008*** (-2.6751)
Fixass	0.0033 (0.6892)	0.1038*** (3.0008)	0.0111** (2.2367)	0.0317*** (28.8530)
Intcov	0.0000 (0.0339)	0.0001 (0.8904)	0.0000 (0.5792)	0.0000*** (3.0861)
CF	0.0093 (0.7712)	-0.0579 (-1.2422)	0.0088 (0.6977)	0.0050 (1.7860)
Share	-0.0001** (-2.0210)	-0.0000 (-0.0497)	0.0003*** (5.5209)	-0.0001*** (-2.9848)
Age	0.0004** (2.1574)	0.2051*** (3.5299)	0.0001 (0.7778)	0.0001*** (3.0815)
State	-0.0025 (-1.3608)	0.0196** (2.5326)	0.0058*** (3.0101)	-0.0032*** (-6.4837)
Constant	-0.3332*** (-12.2625)	0.7997* (1.9093)	0.0932*** (3.9282)	0.0232*** (19.6783)
IND	控制	IND	控制	控制
Year	控制	Year	控制	控制
Adj-R²	0.1145		0.1158	

续表

变量	First - stage	Second - stage	First - stage	Second - stage
	FCS	LEV	FCS	COD
弱工具变量检验				
Robust F - statistic	17.0647		20.7718	
F - statistic p - value	0.0000		0.0000	
N	9211	9211	9211	9211

注：一阶段回归中括号内为 t 值，二阶段回归中括号内为 z 值；***、** 和 * 分别表示在 1%、5% 和 10% 水平上显著。

（2）改变解释变量金融股权关联的度量方法。

根据《商业银行与内部人和股东关联交易管理办法》规定，当企业持有单一金融机构股权比例超过 5% 时，可能会对金融机构的经营决策产生重要影响，则称为企业的金融股权关联。由于部分企业持有金融机构的股权比例相对较小，可能无法使企业获取大量资金，则运用持有金融机构股权比例超过 5% 的数据重新回归分析（黄小琳等，2015；陈栋和陈运森，2012）。用该方法计量的金融股权关联对债务融资规模和债务融资成本进行验证，如表 5-7 所示，第四列 FCS 的回归系数在 1% 的统计水平上为正数；第五列 FCS 的回归系数在 5% 的统计水平上为负数，表明金融股权关联与债务融资规模呈显著正相关关系；金融股权关联与债务融资成本呈显著负相关关系，此检验结果与前面结论一致。

表 5-7 金融股权关联与债务融资规模、债务融资成本的检验结果（二）

一阶段回归：		二阶段回归：		
	FC		LEV	COD
PreSize	0.4281*** (23.9199)	FCS	0.0574*** (2.6432)	-0.0913** (-2.5685)
PreROA	-1.1232*** (-2.6798)	Size	0.0894*** (17.9415)	-0.0200 (-1.2622)
PreGrowth	-0.0563* (-1.8702)	ROA	-1.4527*** (-16.6647)	-0.6562*** (-4.9637)
PreCash	-0.4440** (-2.3561)	Growth	0.0396*** (4.5659)	-0.0001 (-0.8073)

续表

一阶段回归：		二阶段回归：		
	FC		LEV	COD
PreTobinQ	0.0126 (0.7392)	Fixass	0.0485* (1.9337)	0.3627*** (12.8139)
PreAge	0.0052 (1.3102)	Intcov	-0.0000 (-0.1185)	0.0002 (1.5897)
State	-0.1822*** (-4.4952)	CF	0.0193 (0.3122)	0.1702** (2.2520)
		Share	-0.0000 (-0.1005)	0.0008** (2.3605)
		Age	0.0006 (0.6756)	0.0029** (2.3502)
		State	0.0380*** (3.9401)	0.0224* (1.8159)
Constant	-9.2668*** (-23.2276)	Constant	0.6035*** (18.9438)	0.3371*** (7.0126)
IND	控制	IND	控制	控制
Year	控制	Year	控制	控制
		Wald chi^2	357.0413	321.6194
		Prob > chi^2	0.0000	0.0000
N	9211	N	9211	9211

注：一阶段回归中括号内为 z 值，二阶段回归中括号内为经过异方差调整后的双尾检验 t 值；***、**和*分别表示在1%、5%和10%水平上显著。

用该方法计量的金融股权关联对债务融资结构进行验证，如表5-8所示，此检验结果与前面结论基本一致。

表5-8　　　金融股权关联与债务融资结构的检验结果

变量	Bank1	Bond1	TC1	Bank2	Bond2	TC2
FCS	0.0969*** (4.6956)	0.0524*** (2.8928)	0.0467 (0.4836)	-0.7859** (-2.4372)	-0.6613* (-1.6541)	-0.0327* (-1.8031)
Size	-0.0675*** (-7.8365)	-0.0159*** (-6.9516)	-0.0010 (-1.0014)	-1.0985*** (-3.6498)	1.1401* (1.8755)	0.0022 (1.0093)

续表

变量	Bank1	Bond1	TC1	Bank2	Bond2	TC2
ROA	−0.3783*** (−9.0396)	−0.2055*** (−3.1065)	−0.0448** (−2.1346)	−1.3131** (−2.1605)	−3.5192* (−1.8434)	−0.1018*** (−2.8043)
Growth	0.0024 (1.0111)	−0.0100*** (−2.7743)	−0.0011 (−0.8014)	0.0594** (2.1196)	0.0347 (0.3019)	0.0033 (1.3932)
Fixass	0.3683*** (33.5960)		−0.1101*** (−17.0328)	−0.7038*** (−3.7159)		−0.1239*** (−8.3090)
Intcov	0.0003*** (7.8519)			0.0011** (1.9775)		
CF		−0.0421 (−1.2181)	0.1358*** (9.4174)		−3.3927*** (−3.4814)	−0.2081*** (−8.3519)
Share	−0.0001 (−1.1554)			−0.0014 (−0.8094)		
Bondsize					0.4817 (1.1523)	
MAT					−0.9006*** (−3.5637)	
Bondrate					−0.5248** (−2.1650)	
Put					−0.1443 (−1.1890)	
Age	0.0003 (0.8413)	−0.0011** (−2.4130)	−0.0009*** (−5.1841)	0.0227*** (3.5629)	0.0139 (1.3867)	0.0003 (0.7188)
State	−0.0184*** (−4.2674)	0.0059 (0.5938)	0.0057*** (2.8941)	−0.5145*** (−8.7035)	−1.1616*** (−9.6539)	−0.0209*** (−4.1828)
Constant	0.1854*** (16.7744)	0.7312*** (13.7241)	0.0012 (0.0583)	7.3391*** (26.4552)	1.7504*** (3.2491)	0.1039** (2.1539)
IND	控制	控制	控制	控制	控制	控制
Year	控制	控制	控制	控制	控制	控制
Adj−R^2	0.1838	0.3669	0.4997	0.3433	0.4669	0.1716

续表

变量	Bank1	Bond1	TC1	Bank2	Bond2	TC2
F - Value	134.4408	27.5011	177.9359	28.7665	9.3111	40.260
P 值（Chow 检验）	0.0000***		0.0000***		0.0000***	0.0000***
N	9211	2616	9211	3360	510	9211

注：***、**和*分别表示在1%、5%和10%水平上显著，括号内的值为t值。

(3) 改变被解释变量债务融资成本的度量方法。

企业债务融资成本准确地衡量存在困难，参考李广子和刘力（2009）的研究，书中选取多个度量指标：①利息费用类指标：债务融资成本 COD = 利息支出/总负债，在前面已经用作衡量被解释变量；②净财务费用类指标：鉴于利息支出只是企业债务融资成本的一部分，债务融资过程中也会产生手续费和其他成本，则债务融资成本 COD1 = （利息支出 + 手续费 + 其他财务费用）/总负债；③期间费用类指标：企业债务融资成本在总期间费用中所占的比率，分别用财务费用占总期间费用的比例和净财务费用占总期间费用的比例表示。债务融资成本 COD2 = 财务费用/（销售费用 + 管理费用 + 财务费用），债务融资成本 COD3 = （利息支出 + 手续费 + 其他财务费用）/（销售费用 + 管理费用 + 财务费用）。采用以上三种度量方法对金融股权关联与债务融资成本重新进行实证检验，如表5-9所示，第四列、第五列和第六列 FCS 的回归系数在1%的统计水平上为负数，表明金融股权关联与债务融资成本呈显著负相关关系，实证结果保持稳定。

表5-9 金融股权关联与债务融资成本的检验结果

一阶段回归：		二阶段回归：			
	FC		COD1	COD2	COD3
PreSize	0.3819*** (23.1966)	FCS	-0.0049*** (-2.6831)	-0.0050*** (-2.6891)	-0.1204*** (-2.8101)
PreROA	-0.6832* (-1.8164)	Size	-0.0020*** (-4.6020)	-0.0021*** (-4.8111)	0.0351*** (5.0288)
PreGrowth	-0.0833*** (-3.0090)	ROA	-0.0882*** (-10.1834)	-0.0875*** (-9.9509)	-1.1377*** (-8.2365)

续表

一阶段回归：		二阶段回归：			
	FC		COD1	COD2	COD3
PreCash	-0.5115*** (-2.9901)	Growth	-0.0000 (-1.5728)	-0.0000* (-1.6737)	-0.0020 (-0.1696)
PreTobinQ	0.0084 (0.5589)	Fixass	0.0259*** (13.7054)	0.0267*** (13.9632)	0.4291*** (12.9954)
PreAge	0.0065* (1.7739)	Intcov	0.0000** (2.5875)	0.0000** (2.3278)	0.0003** (2.1168)
State	-0.0978*** (-2.6625)	CF	0.0390 (7.6330)	0.0369*** (7.1094)	0.3316*** (3.7753)
		Share	-0.0000* (-1.8499)	-0.0000 (-1.5690)	0.0008** (2.1649)
		Age	0.0002*** (2.9638)	0.0002*** (3.0764)	0.0075*** (5.8034)
		State	-0.0041*** (-5.4243)	-0.0043*** (-5.6403)	0.0255* (1.8815)
Constant	-7.8907*** (-21.5546)	Constant	0.0391*** (14.9534)	0.0396*** (14.9380)	-0.5102*** (-2.8250)
IND	控制	IND	控制	控制	控制
Year	控制	Year	控制	控制	控制
		Wald chi^2	290.4382	287.8098	164.8231
		Prob > chi^2	0.0000	0.0000	0.0000
N	9211	N	9211	9211	9211

注：一阶段回归中括号内为 z 值，二阶段回归中括号内为经过异方差调整后的双尾检验 t 值；***、** 和 * 分别表示在1%、5%和10%水平上显著。

（4）其他稳健性检验。

为了控制异方差和序列相关问题，对所有估计系数的标准误进行了 Cluster 处理。此外，实证模型中主要解释变量 VIF 值都小于5，均值也小于3，表明模型没有严重的共线性问题。

5.5 本章小结

实体企业发展到一定程度将面临资金"瓶颈",以持股金融机构的方式向金融行业渗透不仅满足企业的融资需求,还为产业扩张搭建了债务融资服务平台。金融股权关联是企业的一种条件宽松且灵活性强的外部债务融资途径。金融股权关联冲破了实业和金融业的边界,是企业寻求和金融机构经营、财务等协同价值的战略行为(蒋水全等,2017)。从资源层面,金融股权关联使企业融入金融机构的网络关系中,能够获取实际和潜在的金融资源,从而提高企业的债务融资水平。从信息层面,无论债务契约签订还是执行,金融股权关联的隐性担保作用反映了企业的偿债能力,积极信号的传递对债权人而言具有资金安全的保障作用。同时,企业与金融机构的内在联系促使双方对彼此的经营实力和信誉状况等都比较熟悉,通常金融机构会为企业提供较大的债务融资规模以及较低的债务融资成本。按照债务融资的来源结构,将企业的债务融资分为银行贷款、公司债券和商业信用,深入剖析金融股权关联对三者的不同影响机理,为该逻辑路径提供强有力的客观证据。虽然金融股权关联分别对银行贷款、公司债券和商业信用具有显著的影响,但是金融机构、债券投资者和供应商作为不同性质的外部投资者,其在债权治理效果、获取资源信息能力和防范信息风险等层面存在差异,对金融股权关联的关注程度和依赖程度也不同,所以金融股权关联对银行贷款、公司债券和商业信用的影响程度存在异质性。

综上所述,构建"金融股权关联——债务融资"的逻辑框架可以更好地理解在"关系至上"的制度环境中金融股权关联对企业融资行为的影响,这具有不可替代的理论意义与实践价值。本章研究发现,金融股权关联有助于企业提高债务融资水平,主要包括扩大债务融资规模、降低债务融资成本和优化债务融资结构。在理论意义上,将金融股权关联资源获取作用具体化为债务资源的取得,反映了金融股权关联促进企业进行债务融资的作用机理;在实践意义上,源于债务融资获得的目的,企业应该同金融机构建立股权关系,尤其对于资金短缺企业的作用更为明显。

第6章

会计稳健性对债务融资的影响

债务市场形成错配现象的主要原因是债权人与企业之间的信息不对称（Jaffee and Russell, 1976; Stiglitz and Weiss, 1981）。信贷的一般原则是保证贷款资金的安全和避免损失。当贷款发出时，由于债权人无法直接控制贷款资金的使用与流向，且贷款本金的收回具有一定风险，从而企业应该发出信号来显示其使用资金的合规性和偿还资金的可靠性，债权人也需要确认企业的信号是否稳健。信息不对称是影响债权人信贷决策的重要因素（李志军和王善平，2011）。若债权人与企业的信息不对称程度较高，债权人难以获悉企业贷款需求的动机，也无法了解其资金偿还的可信度；相反，若债权人和企业信息不对称程度较低，则债权人能够判别企业的贷款动机，同时容易对资金的偿还性形成稳定预期。债权人作为信息劣势方可能面临着逆向选择和道德风险，增加了债权人的投资风险。为了降低债务融资风险，债权人要求企业提供稳健的会计信息。资本市场作为企业进行债务融资活动的主要场所，会计稳健性在资本市场中扮演着重要角色，通过引导价格的形成促进资源优化配置（Kothari et al., 2005）。因此，会计稳健性对企业债务融资的影响是本章的主要研究内容。

6.1 理论分析与研究假设

6.1.1 会计稳健性与债务融资规模、债务融资成本

首先，会计稳健性能够降低企业与债权人之间的信息不对称。鉴于契约的不完备性，要素所有者在寻求自身利益时可能发生矛盾，则保证企业总体契约

机制的有效性尤为重要（Watts and Zimmerman, 1990）。从本质上看，契约理论是会计稳健性形成的根本原因，稳健性是一种有效的契约安排和制度选择（张宏亮，2009）。会计稳健性能够反映和控制企业契约中的各个要素，减少契约运行的监督成本和执行成本（陈汉文和周中胜，2014）。依据会计稳健性的债务契约解释，债权人作为企业主要的利益相关者，在企业面临财务困难时承受破产清算风险，然而当企业运营状况良好时，却无法分享其经营收益，收益函数的不对称让债权人运用企业收益与资产的最低值以此监管债务人的偿债能力，至此债务契约对稳健性的需求形成。会计稳健性要求好消息须在事项确定时才能确认为收益，然而坏消息即使可验证性差也得及时确认为损失（Basu, 1997），这种对资产与收益谨慎的确认标准缓解了企业与投资者由于信息不对称带来的逆向选择和道德风险问题，提高了债务违约的预测能力（陶晓慧和柳建华，2010），促进了对债务人监管的及时性，因此有助于引导债务资金的正向流动。因此，企业通过向外部投资者传递稳健的信息降低了两者之间的信息不对称程度，从而增加债务融资规模和降低债务融资成本。

其次，会计稳健性作为一种有效的治理机制能够减少代理成本。现代企业所有权与控制权的分离导致股东与债权人的代理矛盾，此类代理问题源于信息不对称和债务契约不完备。股东可向企业管理层施加压力，迫使企业管理层投资风险过高的项目或支付过高的股利而作出不利于债权人的行为，导致债权人产生代理成本。根据契约理论，债务融资是企业与债权人在融资过程中签订的契约，而会计稳健性是解决各契约方代理冲突的有效缔约手段。债务契约尤其是限制性条款的制定一般凭借企业的会计信息，会计稳健性将削减债务契约签订的代理成本及预期的契约成本（Armstrong, 2010）。由于稳健性可以及时确认损失与延期确认收益，债权人将会计稳健性作为公司治理机制来约束股东的自利行为。会计稳健性可以及时地将坏消息传递到债权人，规避了潜在的财富转移风险，从而债权人通常将稳健性作为贷款的基本前提条件。债权人事前可依靠利率定价保护自身权益，则财务报告稳健的企业获得的外部债务融资规模更大以及债务融资成本更低。

最后，会计稳健性是一种积极的信号机制和传递方式。由于债权人的风险主要源于贷款本息是否按时收回，债权人将依据债务人不同程度的风险等级提出不同风险收益补偿的要求，而这些风险取决于债务人偿债能力及财务状况。会计信息是对企业经营成果的综合反映，债权人以此判别企业的偿债能力，则债权人越能及时地获悉会计信息且会计信息的质量越高，其要求的风险补偿成本将越小。稳健性作为企业会计信息质量的重要特征之一，可以达到债权人对会计信息的要求，进而增强债务契约的有效性。陈圣飞等（2011）研究发现，在债务市场信号模型中存在一个占优的分离均衡，在这种均衡下，风险较低的企业其会计稳健性较高，相反，风险较高的企业其会计稳健性较低。作为企业的信号机制，在企业与债权人签订债务契约之前，稳健性能够将企业营运风险的私有信息传递给债权人；在企业与债权人签订债务契约之后，由于契约的不完备，债权人可以在债务契约中增加相关的保护性或者限制性条款，从而减少契约双方之间的代理冲突。综上所述，会计稳健性降低了债权人的风险，具体表现为企业的债务融资规模增加和债务融资成本减少。基于此，提出以下假设：

假设 6-1：会计稳健性越强，企业获得的债务融资规模越大和债务融资成本越低。

会计目标由受托责任观转向决策有用观致使会计稳健性受到抨击，从"信息中立性"角度出发，相关学者甚至提出放弃会计稳健性原则的观点（张敦力和李琳，2011）。FASB（1980）也认为稳健性可能与中立性、可比性等会计信息质量特征产生冲突。FASB 与 IASB（2008）在概念框架"目标与质量特征"的意见稿中将会计稳健性取消。这种情况可能与未区分条件稳健性和非条件稳健性有关，随着会计稳健性概念的发展，将其具体分成条件稳健性与非条件稳健性。条件稳健性是指对好消息的确认要比对坏消息的确认更加严格（Basu, 1997），而内生于会计制度的非条件稳健性与外部市场环境信息变化无关。显而易见，条件稳健性与非条件稳健性两者在产生机制上存在差异，从不同视角为债权人提供了会计信息，上述对于会计稳健性与债务融资规模和成本的剖析主要是基于条件稳健性展开的，下面探讨非条件稳健性对企业债务融资的影响。

非条件稳健性根源于会计准则和制度的要求，运用历史成本法等做到少计资产和收益且多计负债和费用，是一种与外部市场环境信息变化无关的规则性导向。一方面，当企业取得资产或发生负债时就决定后续的会计处理方法，通过改变企业较长期间的盈余分布呈现出对财务报告持续长久的影响状态，这种方法的采用使企业资产的账面价值持续低于市场价值，在一定程度上削弱了财务会计信息对债权人决策的有效性。虽然不可否认非条件稳健性存在的意义，但是财务报表一味地被低估,将会违背会计人员应做到最佳职业判断且予以报告的基本原则。非条件稳健性的会计处理也低估了企业的账面净资产和净利润,由于净资产和净利润反映了企业的经营业绩,因而债权人可能要求较高的债务融资成本。另一方面,过度的稳健性会损害会计信息的价值相关性,反而增加了信息不对称程度,这表明会计稳健性也是有成本的(杨华军,2007)。从契约层面上看,非条件稳健性依据资产或者负债价值确认的不确定性,是出于成本效益权衡而不是增进契约效率的动机(Beaver and Ryan,2005),这削弱了非条件稳健性对债务融资的积极影响。由于改变了企业实际经营情况与会计盈余的关系,非条件稳健性所带来的不确定金额偏离会给债权人的决策造成随意性,降低了会计信息的决策有用性,进而减小契约效率(Ball and Shivakumar,2005)。相比条件稳健性对债务融资的作用机制,非条件稳健性不能对债权人形成保护机制,则无法获得较大的债务融资规模和较低的债务融资成本。根据以上分析,提出以下假设:

假设6-2:相比非条件稳健性,条件稳健性的增强更有助于企业获得较大的债务融资规模和较低的债务融资成本。

6.1.2 会计稳健性与债务融资结构

鉴于发达国家高度法制化、契约化和信用化的环境下,学者在探讨资本结构理论的基本前提为债务同质性(李心合等,2014)。结合我国的制度背景,债务同质性假设并不适用。按照债务融资来源,将债务融资分为银行贷款、公司债券和商业信用,并分别剖析会计稳健性对其内在各个部分的作用机理。债权人与企业之间信息不对称程度越高,企业获得债务融资的可能性越低或获得的债务资金越少。类似地,若企业存在相同的融资需求时,债权人更可能优先将更多的资金提供给会计信息更稳健的企业。会计稳健性对收益确认的严格标准,有效缓解了管理层夸大盈余的动机和能力(Watts,2003),进一步规避了管理层虚夸企业净资产的机会主义行为。同时,会计稳健性规避借贷两方的利益冲突,则减少筹资的费用(Ahmed and Duellman,2007)。

随着我国金融行业的深入改革,金融机构对信贷资源的管控力度加大,具体表现为债务融资过程中对企业财务信息质量的关注,如银行的贷款利率与贷款企业的财务状况和治理状况呈现相关关系(胡奕明和谢诗蕾,2005)。与一般债权人相比，银行在信息获悉层面拥有优势，不但取得企业内部信息的成本较低，而且通过贷前调查和限制性条款能够缓解逆向选择和道德风险，因此对债务人可能的违约行为形成监督与约束（Diamond，1984；Lin et al.，2013）。银行债权人利用私人信息获取优势，通过多种渠道调查企业的经营状况以及准确预测企业的现金流，以此提高债务融资水平。这种情况下，会计稳健性所反映的企业经营业绩在缓解信息不对称方面的作用就会被削弱。

不同于传统的结构化信用风险定价模型，信息不对称造成投资者对企业价值理解具有偏差，同时对企业信用利差的期限结构产生不同的预期（Duffie and Lando，2001）。信息不对称导致债券投资者难以了解企业的财务状况而承担较高的投资风险，投资者必然要求企业以高回报作为风险补偿，这样提高了债券发行企业的信用利差。Yu（2005）采取 AIMR 的披露等级作为财务信息透明度的衡量标准，实证检验认为企业的财务透明度和信用利差显著负相关。会计稳健性能够影响企业的信息结构，有助于债券投资者做出准确的投资决策，其向市场传递的稳健信息将对企业债券的定价产生重大作用（方红星等，2013）。

不同的债务融资方式对会计信息敏感度不同。依据优序融资理论，银行贷款对信息的敏感度小于公司债券，即会计稳健性对银行贷款的重要性弱于公司债券。贷款人不仅可以通过公共信息途径掌握企业的财务状况和经营业绩，更能够凭借私人信息方式进行监督。由于银行贷款中贷款人对企业的监督强度最大，这将减少对企业会计信息披露的要求（Kerr and Ozel，2015）。相反，公司债券增加了会计信息的敏感度，作为会计信息质量重要特征之一的会计稳健性符合债券投资者的要求。稳健性原则规定及时地确认损失，不准盈余平滑与"洗大澡"，这种非对称的确认度量方法与债权人非对称的收益、风险相匹配，从而保护债权人的合法权益（李远鹏和李若山，2005）。公司债券投资者的分散性以及自身能力的局限性使其无法获取企业详细的运营信息，会计稳健性通过信号传递降低了企业面临的逆向选择成本。

商业信用基于企业日常的经营活动形成，供应商与企业长期的商业贸易使其处于同一供应链中，有助于建立彼此的信任机制。供应商通过与企业建立紧密联系能够获取企业内部真实、及时的会计信息，企业为供应商提供稳定的心理预期也降低了信息不对称程度，从而减少由信息不对称带来的交易成本。商业信用形成的信任关系增加了交易双方的信息透明度，这种信息优势是银行贷款和公司债券无法比拟的（Petersen and Rajan，1997）。换而言之，会计信息质量较低的企业选择商业信用进行融资时，相比银行贷款，其信息传递成本以及逆向选择风险较低（黎来芳等，2018）。因此，商业交易的紧密联系促进了供应商了解企业的财务状况和经营业绩，从而会计稳健性对于供应商的影响力减弱。基于以上分析，提出如下假设：

假设6-3：会计稳健性对债务融资结构的影响存在异质性，即会计稳健性对公司债券、银行贷款、商业信用规模和成本的影响程度逐渐递减。

6.2 研究设计

6.2.1 样本选取与数据来源

由于2006年我国会计准则发生重大变化，新会计准则于2007年1月1日率先在上市公司中执行，因此选取2007~2016年沪深两市A股主板上市公司作为初选样本，并且进行以下筛选：（1）剔除ST的上市公司，以保证研究样本性质的一致性；（2）由于金融行业具有特殊性，则剔除金融行业的上市公司；（3）剔除财务数据缺失的上市公司；（4）由于IPO上市公司当年的会计盈余与其他年份差异较大，则剔除当年IPO的上市公司；（5）鉴于公司过去实施会计政策的影响，则剔除IPO不足三年的上市公司。为了消除极端值对研究结果的影响，对所有连续型变量进行了1%缩尾处理。

上市公司的财务数据等来源于国泰安（CSMAR）数据库。特别说明的是，国泰安中国上市公司银行贷款数据库中只对上市公司发布的银行借款公告进行了披露，为了保证银行借款数据的完整性，对上市公司财务报告的附注进行了手工搜集与信息整合，包括当年每笔新增的有息银行贷款的起止日期、借款金额和利率水平。运用统计软件Stata 15进行数据处理。

6.2.2 模型设定与变量定义

（1）为检验假设6-1和假设6-2会计稳健性对债务融资规模和债务融资

成本的影响，构建以下模型：

$$LEV = \beta_0 + \beta_1 Cscore + \beta_2 Size + \beta_3 ROA + \beta_4 Growth + \beta_5 Fixass$$
$$+ \beta_6 Intcov + \beta_7 CF + \beta_8 Share + \beta_9 Age$$
$$+ \beta_{10} State + \beta_i Ind + \beta_j Year + \varepsilon \quad (6-1)$$

$$COD = \beta_0 + \beta_1 Cscore + \beta_2 Size + \beta_3 ROA + \beta_4 Growth + \beta_5 Fixass$$
$$+ \beta_6 Intcov + \beta_7 CF + \beta_8 Share + \beta_9 Age$$
$$+ \beta_{10} State + \beta_i Ind + \beta_j Year + \varepsilon \quad (6-2)$$

模型（6-1）和模型（6-2）的被解释变量分别是债务融资规模 LEV 和债务融资成本 COD，仍然采用第 5 章的计量方法，这里不再赘余。模型中的解释变量是会计稳健性 Cscore，会计稳健性的计量问题是实证研究中最困难的部分，不同的计量方法可能得出不同的研究结论。Basu（1997）首次采用盈余—股票报酬计量方法对会计稳健性进行实证研究，该方法得到广泛使用的同时也遭受许多质疑。Dietrich et al.（2003）率先指出 Basu 反向回归法的问题，回归中选用内生变量（回报）作为自变量导致结果不可解释；负回报样本量较少，自变量（回报）这种截断引发稳健性计量中的偏误。Givoly et al.（2006）强调 Basu 对好消息和坏消息的及时性差异计量会产生错误，该计量方法没有控制与稳健性无关的企业信息环境特征因素，显然及时性差异计量不能可靠地度量会计稳健性。Ball and Shivakumar（2005）也发现 Basu 模型的缺陷，既无法将暂时的收益或损失从应计的随机误差中进行分离，也不能从盈余管理中进行分离等。虽然 Basu 的盈余—股票报酬计量方法有缺陷，但是此方法奠定了会计稳健性计量方法的基础。结合我国股权分置的特殊制度背景，股票价格不能充分反映公司好消息与坏消息，故选取 Basu 模型得出的研究结论有待商榷（杨华军，2007）。基于 Basu（1997）的盈余—股票报酬计量模型，对会计稳健性计量模型的改进逐渐形成两种思路：一种是依据度量会计收益在正面和负面情境下不对称反应；另一种是加速折旧法等会计稳健性处理对账面权益产生的持续有偏（向下）估计（Beaver and Ryan，2005；张金鑫和王逸，2013）。随后，条件稳健型和非条件稳健性不同的计量方法产生，条件稳健性是对坏消息更加及时反应，而非条件稳健性的处理方式无关于企业的经营环境。本章选取 Cscore 模型计量条件稳健性，累计应计模型计量非条件稳健性。

① 条件稳健性的计量（Cscore 模型）。

基于 Basu 模型，Khan and Watts（2009）提出了计量每个企业稳健性程度的 Cscore 模型，后来在相关研究中得到广泛运用。Cscore 模型选择公司规模（SIZE）、权益市场价值与账面价值比（MB）和资产负债率（LEV）来估计每个企业每年的会计稳健性，该指标表示相对于好消息，会计盈余对坏消息的增量确认倾向，数值越大意味着企业的会计稳健性水平越高。具体计算方法如下：

$$NI_{i,t} = \beta_0 + \beta_1 NEG_{i,t} + \beta_2 RET_{i,t} + \beta_3 NEG_{i,t} \times RET_{i,t} + \varepsilon_{i,t} \qquad (6-3)$$

其中，NI 为 i 公司 t 年度净收益与年初股权市场价值的比值；RET 为 i 公司 t 年 5 月到 t+1 年 4 月经过市场调整的累计年度报酬率；NEG 是虚拟变量，若 RET < 0，NEG 取 1，否则 NEG 为 0。RET 计算公式如下：

$$RET_{i,t} = \left[\prod_{j=1}^{12}(1 + RET_{i,j}) - 1 \right] - \left[\prod_{j=1}^{12}(1 + RET_{m,j}) - 1 \right] \qquad (6-4)$$

其中，$RET_{i,j}$ 表示考虑现金红利再投资的月个股回报率，$RET_{m,j}$ 表示按市值加权计算的考虑红利再投资的月市场回报率。式（6-3）中 β_2 是指对好消息确认的及时性，$\beta_2 + \beta_3$ 是指对坏消息确认的及时性，β_3 是指坏消息比好消息确认及时性的增量效应，则用 β_3 是否显著大于零来度量会计稳健性。为了计算企业层面上的会计稳健性，Khan and Watts（2009）选取三个反映企业特征的变量来构造好消息和坏消息确认的及时性。

$$Gscore = \beta_3 = \mu_1 + \mu_2 SIZE_{i,t} + \mu_3 MB_{i,t} + \mu_4 LEV_{i,t} \qquad (6-5)$$

$$Cscore = \beta_4 = \lambda_1 + \lambda_2 SIZE_{i,t} + \lambda_3 MB_{i,t} + \lambda_4 LEV_{i,t} \qquad (6-6)$$

其中，Cscore 是指对坏消息确认的及时性，用于度量企业的条件稳健性。将式（6-4）和式（6-5）代入式（6-3），得到式（6-7）。选用年度横截面数据对式（6-7）进行回归，估计出每年的系数 λ_1、λ_2、λ_3 和 λ_4，再将各年系数代入式（6-6），即可估计出每个企业在每年的会计稳健性。

$$\begin{aligned}NI_{i,t} = & \beta_0 + \beta_1 NEG_{i,t} + \beta_2 RET_{i,t}(\mu_1 + \mu_2 SIZE_{i,t} + \mu_3 MB_{i,t} + \mu_4 LEV_{i,t}) \\ & + \beta_3 NEG_{i,t} \times RET_{i,t}(\lambda_1 + \lambda_2 SIZE_{i,t} + \lambda_3 MB_{i,t} + \lambda_4 LEV_{i,t}) \\ & + (\delta_1 SIZE_{i,t} + \delta_2 MB_{i,t} + \delta_3 LEV_{i,t} + \delta_4 NEG_{i,t} \times SIZE_{i,t} \\ & + \delta_5 NEG_{i,t} \times MB_{i,t} + \delta_6 NEG_{i,t} \times LEV_{i,t}) + \varepsilon_{i,t} \qquad (6-7)\end{aligned}$$

② 非条件稳健性的计量（累计应计模型）。

根据会计应计和经营性现金流反转关系的假定，Givoly and Hayn（2000）

第6章 会计稳健性对债务融资的影响

认为持续性负的应计能够度量会计稳健性。借鉴已有文献（Pae et al.，2007；Louis et al.，2009），衡量非条件稳健性的累计应计模型如下：

$$\text{CONSV} = -\frac{\text{NOPAC}_{i,t}}{\text{TA}_{i,t-1}} \tag{6-8}$$

其中，NOPAC 表示非经营性应计项目，计算公式为 NOPAC = 总应计 − 经营性应计（总应计 = 净利润 + 折旧摊销 − 经营活动产生的现金流；经营性应计 = 应收账款变动额 + 存货变动额 + 预付账款变动额 − 应付账款变动额 − 应交税金变动额）。鉴于 Louis et al.（2009）的研究，本章使用的 t 累计期为 3 年，TA 是企业的总资产。比值为负数是为了保证与会计稳健性变化方向一致，该数值越大表示企业的会计稳健性水平越高。

借鉴已有研究，对所有假设控制了其他可能对债务融资产生影响的因素。控制变量包括企业规模（Size）、盈利能力（ROA）、成长能力（Growth）、固定资产比例（Fixass）、利息保障倍数（Intcov）、经营现金流量（CF）、第一大股东持股比例（Share）、上市年限（Age）和产权性质（State），并且引入行业和年度虚拟变量对行业和时间干扰因素加以控制。模型中具体变量定义见表 6-1。

（2）为检验假设 6-3 会计稳健性对债务融资结构的影响，构建以下模型：

$$\begin{aligned}\text{Bank} = &\ \beta_0 + \beta_1 \text{Cscore} + \beta_2 \text{Size} + \beta_3 \text{ROA} + \beta_4 \text{Growth} + \beta_5 \text{Fixass} \\ &+ \beta_6 \text{Intcov} + \beta_7 \text{Age} + \beta_8 \text{State} + \beta_i \text{Ind} + \beta_j \text{Year} + \varepsilon \end{aligned} \tag{6-9}$$

$$\begin{aligned}\text{Bond} = &\ \beta_0 + \beta_1 \text{Cscore} + \beta_2 \text{Size} + \beta_3 \text{ROA} + \beta_4 \text{Growth} + \beta_5 \text{CF} \\ &+ \beta_6 \text{Bondsize} + \beta_7 \text{MAT} + \beta_8 \text{Bondrate} + \beta_9 \text{Put} \\ &+ \beta_{10} \text{Age} + \beta_{11} \text{State} + \beta_i \text{Ind} + \beta_j \text{Year} + \varepsilon \end{aligned} \tag{6-10}$$

$$\begin{aligned}\text{TC} = &\ \beta_0 + \beta_1 \text{Cscore} + \beta_2 \text{Size} + \beta_3 \text{ROA} + \beta_4 \text{Growth} + \beta_5 \text{Fixass} \\ &+ \beta_6 \text{CF} + \beta_7 \text{Age} + \beta_8 \text{State} + \beta_i \text{Ind} + \beta_j \text{Year} + \varepsilon \end{aligned} \tag{6-11}$$

进一步地，检验银行贷款、公司债券和商业信用组间系数差异的显著性，参照 Bharath（2008）和蒋琰（2009）的计量方法，构建选择模型且运用 Chow 检验来解决问题，具体方法见第 5 章。模型（6-9）、模型（6-10）和模型（6-11）的被解释变量分别是债务融资结构中的银行贷款（Bank）、公司债券（Bond）和商业信用（TC），仍然采用第 5 章的计量方法。

模型中其他控制变量具体定义见表 6-1。

表 6-1 变量定义

变量类型	变量名称	变量代码	变量定义
被解释变量	债务融资规模	LEV	负债总额/总资产
	债务融资成本	COD	利息支出/总负债
	债务融资结构	Bank	银行贷款规模(Bank1)=(短期借款+长期借款)/总资产
			银行贷款成本(Bank2)根据公式所得
		Bond	公司债券规模(Bond1)=应付债券/总资产
			公司债券成本(Bond2)=债券到期收益率-同期国债收益率
		TC	商业信用规模(TC1)=(应付账款+应付票据+预收账款)/总资产
			商业信用成本(TC2)=预付账款/总资产
解释变量	条件稳健性	Cscore	根据 Cscore 模型计算所得
	非条件稳健性	CONSV	根据累计应计模型计算所得
控制变量	公司规模	Size	总资产的自然对数
	盈利能力	ROA	净利润/总资产
	成长能力	Growth	(本年营业收入-去年营业收入)/去年营业收入
	固定资产比例	Fixass	固定资产/总资产
	利息保障倍数	Intcov	息税前利润/利息费用
	经营现金流量	CF	经营活动产生的现金流量/总资产
	第一大股东持股比例	Share	第一大股东持股比例
控制变量	债券规模	Bondsize	债券发行规模的自然对数
	债券剩余期限	MAT	债券到期年份减去观测年份
	债券评级	Bondrate	AA-为1,AA为2,AA+为3,AAA为4
	是否回售	Put	有约定回售条款取1,否则为0
	上市年限	Age	上市年限的自然对数
	产权性质	State	当企业最终控制人是国有为1,否则为0
	行业控制变量	IND	为该行业时取1,否则为0
	年度控制变量	Year	为该年份时取1,否则为0

6.3 实证分析

6.3.1 描述性统计分析

表6-2列示了主要变量的描述性统计。条件稳健性Cscore平均值是0.0371，中位数是0.0205，说明我国上市公司的会计政策总体上表现出较为稳健的状况；Cscore中位数为正，表明会计稳健性是上市公司财务报告的普遍特点。非条件稳健性CONSV标准差是0.1664，最大值是0.7430，最小值是-0.5746，说明非条件稳健性分布不均衡，不同企业之间存在较大差异。通过对比条件稳健性和非条件稳健性的平均值、中位数等，发现两者在描述性统计中存在一定差异，进一步说明将会计稳健性分为条件稳健性和非条件稳健性具体研究的必要性。其他变量的描述性统计在第5章已经进行了详细分析，由于数据差距较小，这里不赘述。

表6-2　　　　　　　主要变量的描述性统计

变量	样本量	最大值	最小值	平均值	中位数	标准差
LEV	9858	1.1123	0.1119	0.5390	0.5445	0.1983
COD	9858	0.0727	0.0002	0.0249	0.0236	0.0162
Bank1	9858	0.6949	0.0000	0.2245	0.2064	0.1555
Bank2	3360	11.0926	1.0800	5.4683	5.8487	1.7282
Bond1	2616	0.2204	0.0000	0.0973	0.0897	0.0560
Bond2	510	5.1600	-3.2000	2.0900	2.0300	1.4738
TC1	9858	0.5702	0.0048	0.1679	0.1354	0.1257
TC2	9858	0.2209	0.0001	0.0317	0.0180	0.0398
Cscore	9858	0.2810	-0.2260	0.0371	0.0205	0.0792
CONSV	9858	0.7430	-0.5746	0.0079	0.0085	0.1664
Size	9858	26.2296	19.2626	22.3739	22.2592	1.3677
ROA	9858	0.1934	-0.2282	0.0312	0.0282	0.0560
Growth	9858	5.9876	-0.6085	0.2278	0.0954	0.7653

续表

变量	样本量	最大值	最小值	平均值	中位数	标准差
Fixass	9858	0.7638	0.0014	0.2569	0.2176	0.1913
Intcov	9858	225.1640	-244.1006	3.4970	3.0405	45.7908
CF	9858	0.2614	-0.2014	0.0433	0.0430	0.0780
Share	9858	77.1300	8.4400	36.1070	33.9360	15.7716
Bondsize	510	4.7005	0.6931	2.4126	2.3026	0.8013
MAT	510	15.0000	0.0000	5.3347	5.0000	1.6929
Bondrate	510	4.0000	0.0000	2.9307	3.0000	0.8712
Put	510	1.0000	0.0000	0.6238	1.0000	0.4849
Age	9858	24.0000	4.0000	14.5829	15.0000	4.6235
State	9858	1.0000	0.0000	0.6644	1.0000	0.4722

6.3.2 实证检验与结果分析

表6-3为会计稳健性与债务融资规模、债务融资成本的回归结果。表中第二列实证结果显示，Cscore的估计系数是0.5379，在1%的统计水平上显著，表明会计稳健性与债务融资规模呈正相关关系；第三列实证结果显示，Cscore的估计系数是-0.1058，在1%的统计水平上显著，表明会计稳健性与债务融资成本呈负相关关系。一方面，稳健性的会计政策通过发挥信号传递功能，将有效降低企业和债权人之间的信息的不对称；另一方面，会计稳健性是一种有效的公司治理机制，将抑制管理层盈余操控动机，削弱管理层对公司业绩与价值的非理性估计带来的负面影响（Lafond and Watts，2008）。债权人面临的不确定性风险也会减少，根据风险收益对等原则，债权人的融资条件放宽，即会计稳健性越强，企业获得的债务融资规模越大和债务融资成本越低。由此，假设6-1得到验证。

表中第四列和第五列列示了非条件稳健性与债务融资回归结果。第四列实证结果显示，CONSV的估计系数是0.0863，在1%的统计水平上显著，表明非条件稳健性与债务融资规模呈正相关关系；然而，第五列实证结果显示，CONSV的系数不显著，表明非条件稳健性对降低债务融资成本的作用不明显。由于经济波动等不确定性产生的好消息和坏消息都是暂时的，条件稳健性对财务报告的影响并非具有时间序列性，此种有偏的度量方法反转速度较快（Chen et al.，2014）。但非条件稳健性改变了企业实际经营和会计盈余的关系，使其会计信息偏离企业真实情况，这种有偏的计量方法严重削弱了会计信息的决策有用性。与非条件稳健性相比，条件稳健性的增强更有利于企业取得较大的债务融资规模和较低的债务融资成本，则假设6-2得到验证。

此外，控制公司规模（Size）、盈利能力（ROA）、成长能力（Growth）、固定资产比例（Fixass）、利息保障倍数（Intcov）、经营现金流量（CF）、第一大股东持股比例（Share）、上市年限（Age）、产权性质（State）、年度（Year）、行业（IND）对企业债务融资的影响，大部分回归结果同已有研究一致，个别系数和预期符号相反可能是受到其他未知因素的干扰。

表6-3　会计稳健性与债务融资规模、债务融资成本的回归结果

变量	LEV	COD	LEV	COD
Cscore	0.5379*** (15.9040)	-0.1058*** (-3.7358)		
CONSV			0.0863*** (8.3114)	0.0235 (1.2150)
Size	0.0394*** (27.5575)	0.0550*** (10.6362)	0.0409*** (28.4598)	0.0428*** (11.0157)
ROA	-1.3943*** (-42.6738)	-0.6491*** (-11.1882)	-1.3847*** (-41.5805)	-0.6660*** (-12.9530)
Growth	0.0175*** (8.0878)	0.0131*** (4.4854)	0.0144*** (6.5038)	0.0046 (1.6206)
Fixass	0.0284** (2.4443)	0.2039*** (6.6200)	0.0306*** (2.6046)	0.1033*** (3.3314)
Intcov	0.0001** (2.3634)	0.0001 (1.3740)	0.0001** (2.5665)	-0.0000 (-0.5607)
CF	-0.0670*** (-2.8401)	-0.1539*** (-3.9662)	-0.1053*** (-4.3430)	-0.1675*** (-5.3736)
Share	-0.0001 (-0.7497)	0.0002 (0.4368)	-0.0001 (-1.0462)	-0.0004 (-1.4165)

续表

变量	LEV	COD	LEV	COD
Age	0.0034*** (7.8154)	0.0027** (2.2982)	0.0036*** (8.2460)	0.0011 (1.0549)
State	-0.0023 (-0.5991)	-0.0169* (-1.7415)	-0.0009 (-0.2396)	-0.0287*** (-3.2839)
Constant	-0.3506*** (-10.7608)	-0.8803*** (-7.7211)	-0.3857*** (-11.7666)	-0.6764*** (-8.0962)
IND	控制	控制	控制	控制
Year	控制	控制	控制	控制
Adj-R^2	0.3514	0.2666	0.3394	0.4099
F-Value	85.7828	37.0948	81.3681	107.9933
N	9858	9858	9858	9858

注：***、**和*分别表示在1%、5%和10%水平上显著，括号内的值为t值。

表6-4为会计稳健性与债务融资结构的回归结果。由表6-4前四列Cscore的估计系数可得，会计稳健性与公司债券规模、银行贷款规模、商业信用规模都表现出显著的正相关关系，然而三者的Cscore的系数逐渐降低，分别为0.0731、0.0611和0.0359。经由Chow检验，公司债券和银行贷款、银行贷款和商业信用两组的P值均为0.0000，即在1%水平上显著。会计稳健性与公司债券成本、银行贷款成本、商业信用成本同理。具体而言，会计稳健性作为向外部利益相关者释放的积极信号，降低了企业与投资者由信息不对称形成的风险，最终增加债务融资规模以及减少债务融资成本。在债务契约中，公司债券和银行贷款获取信息的方式、谈判能力和监督能力具有较大差异，则其对会计稳健性的需求也大不相同。由于"免费搭车"等问题，公司债券投资者主动搜寻企业信息的激励不足或者搜寻信息成本高昂，其获取企业财务状况和经营成果的方式主要来源于企业公开披露的会计信息。稳健的会计政策能够满足债券投资者的需求以及限制债务人的机会主义行为。同时，公司债券投资者的谈判和监督能力也相对较弱。相对于公司债券投资者，银行等金融机构对会计稳健性的需求较小，主要原因是银行能够通过私人信息获取企业的会计信息，进而阻止债务人的私利行为。在商业交易活动中，一方面，企业与供应商长期

建立的合作关系有助于双方的信息沟通，能够缓解信息不对称问题；另一方面，商业交易的信任关系将促进供应商获悉企业的财务情况，因此降低了会计稳健性在商业信用的作用。同银行贷款相比，商业信用的提供方对企业会计信息的依赖程度更低，提供方凭借交易往来可取得企业真实可靠的运营信息。因此，会计稳健性对公司债券、银行贷款、商业信用规模和成本的影响程度逐渐递减，即假设6-3得到验证。

表6-4　　　　　　　　会计稳健性与债务融资结构的回归结果

变量	Bond1	Bank1	TC1	Bond2	Bank2	TC2
Cscore	0.0731*** (3.0738)	0.0611*** (2.7258)	0.0359** (1.9842)	-1.8026** (-2.1067)	-0.9901** (-2.0174)	-0.0311* (-1.6981)
Size	-0.0079*** (-3.7699)	0.0062** (2.4959)	0.0035* (1.7969)	-0.0531 (-0.6822)	-0.1788*** (-4.8978)	0.0008 (0.4192)
ROA	-0.1053* (-1.8653)	-0.2337*** (-6.8770)	0.0570* (1.8979)	-1.7193 (-0.9631)	-0.9891 (-1.5839)	-0.1525*** (-4.2657)
Growth	-0.0041** (-2.1412)	0.0010 (0.6782)	0.0013 (0.9255)	0.0391 (0.4893)	0.0442 (1.1587)	0.0020 (0.8340)
Fixass		0.1373*** (8.3155)	-0.1325*** (-10.2601)		-1.7317*** (-8.9442)	-0.1119*** (-7.6073)
Intcov		-0.0000 (-0.0433)			0.0018*** (3.2104)	
CF	-0.0255 (-1.1322)		0.1971*** (11.3229)	0.1200 (0.2224)		-0.2311*** (-9.1050)
Share		-0.0002 (-1.4532)			0.0044 (1.5705)	
Bondsize				-0.2825*** (-3.3673)		
MAT				-0.0048 (-0.1491)		
Bondrate				-0.5572*** (-6.6141)		

续表

变量	Bond1	Bank1	TC1	Bond2	Bank2	TC2
Put				-0.4405*** (-3.5088)		
Age	-0.0007* (-1.7454)	-0.0003 (-0.5971)	-0.0014*** (-3.7381)	0.0056 (0.5717)	0.0407*** (4.9319)	0.0004 (1.0786)
State	-0.0007 (-0.1510)	-0.0133** (-2.5423)	0.0175*** (3.7976)	-0.8364*** (-6.5956)	-0.5960*** (-6.3663)	-0.0251*** (-4.8229)
Constant	0.2709*** (5.3401)	-0.1042** (-1.9749)	-0.0738* (-1.8098)	4.2916** (2.5089)	10.2464*** (13.6843)	0.1202*** (2.8562)
IND	控制	控制	控制	控制	控制	控制
Year	控制	控制	控制	控制	控制	控制
Adj-R^2	0.1419	0.5103	0.4188	0.5875	0.2878	0.1467
F-Value	186.0416	8.5157	140.8375	13.3933	66.8974	34.6057
P值(Chow 检验)	0.0000***		0.0000***		0.0000***	0.0000***
N	2616	9858	9858	510	3360	9858

注：***、**和*分别表示在1%、5%和10%水平上显著，括号内的值为t值。

6.4 稳健性检验

为了增加研究结论的可靠性，进行以下几个方面的稳健性测试。

（1）内生性检验。

除了衡量偏误以外，内生性也有可能影响会计稳健性对债务融资的回归结果。在考察会计稳健性对债务融资的影响时，会计稳健性与债务融资两者之间可能存在反向因果关系，则对解释变量采用滞后一期处理，这样在一定程度上能够缓解内生性问题（钱明等，2016）。表6-5显示了会计稳健性与债务融资的内生性检验结果（一），由表可得所有假设的检验结果保持稳定，进一步说明研究结论的可靠性。

表6-5 会计稳健性与债务融资规模、债务融资成本的检验结果（一）

变量	LEV	COD	LEV	COD
Cscore	0.5983*** (17.0180)	-0.1243*** (-2.7808)		
CONSV			0.0816*** (6.9728)	0.0118 (0.9488)
Size	0.0425*** (27.0492)	0.0547*** (9.9522)	0.0444*** (27.8710)	0.0446*** (26.3565)
ROA	-1.2043*** (-33.2374)	-0.6807*** (-10.4469)	-1.2198*** (-32.9713)	-0.6508*** (-16.5432)
Growth	0.0159*** (6.6288)	0.0181*** (5.2070)	0.0133*** (5.3716)	0.0079*** (2.9829)
Fixass	0.0264** (2.0420)	0.1949*** (6.0246)	0.0271** (2.0679)	0.0784*** (5.6202)
Intcov	0.0001** (2.3239)	0.0000 (0.8328)	0.0001*** (2.8943)	-0.0000 (-1.0295)
CF	-0.1673*** (-6.4206)	-0.2708*** (-5.9803)	-0.2053*** (-7.6136)	-0.2648*** (-9.2345)
Share	-0.0002 (-1.2294)	0.0003 (0.7368)	-0.0002 (-1.4710)	-0.0004*** (-2.8788)
Age	0.0025*** (5.1665)	0.0023* (1.8056)	0.0028*** (5.6699)	0.0004 (0.7048)
State	0.0028 (0.6698)	-0.0177* (-1.7030)	0.0034 (0.8028)	-0.0287*** (-6.4535)
Constant	-0.4046*** (-11.2870)	-0.8496*** (-7.2349)	-0.4464*** (-12.3014)	-0.6812*** (-17.6545)
IND	控制	控制	控制	控制
Year	控制	控制	控制	控制
Adj-R^2	0.3534	0.2782	0.3341	0.4271
F-Value	71.9782	34.0908	66.1317	97.8036
N	9858	9858	9858	9858

注：***、**和*分别表示在1%、5%和10%水平上显著，括号内的值为t值。

(2) 改变解释变量会计稳健性的度量方法。

Basu (1997) 的盈余—股票报酬度量方法虽然受到质疑,但不可否认该方法在会计稳健性研究中得到广泛使用。具体度量方法如下:

$$\frac{EPS_{i,t}}{P_{i,t-1}} = \beta_0 + \beta_1 NEG_{i,t} + \beta_2 RET_{i,t} + \beta_3 NEG_{i,t} \times RET_{i,t} + \varepsilon_{i,t} \quad (6-12)$$

按照 Basu 模型会计稳健性用 $(\beta_2 + \beta_3)/\beta_2$ 表示,说明会计盈余对坏消息反应系数相对好消息反应系数的倍数。采用该方法对会计稳健性与债务融资规模、债务融资成本重新进行实证检验,如表 6-6 所示,由表可得实证结果与前面结论保持一致。

表 6-6 会计稳健性与债务融资规模、债务融资成本的检验结果 (二)

变量	LEV	COD
Basu	0.0016 *** (14.8275)	-0.0015 *** (-9.4106)
Size	0.0418 *** (29.0420)	0.0552 *** (10.6788)
ROA	-1.4270 *** (-43.2079)	-0.6517 *** (-11.2230)
Growth	0.0179 *** (8.1611)	0.0134 *** (4.5906)
Fixass	0.0283 ** (2.4032)	0.2036 *** (6.6068)
Intcov	0.0001 ** (2.4865)	0.0001 (1.4267)
CF	-0.0678 *** (-2.8348)	-0.1554 *** (-4.0065)
Share	-0.0001 (-0.7987)	0.0002 (0.4389)
Age	0.0035 *** (7.9845)	0.0027 ** (2.3202)
State	-0.0019 (-0.5046)	-0.0169 * (-1.7406)

续表

变量	LEV	COD
Constant	-0.5174*** (-14.8750)	-1.0081*** (-8.4688)
IND	控制	控制
Year	控制	控制
Adj-R^2	0.3348	0.2657
F-Value	81.0033	39.1403
N	9858	9858

注：***、**和*分别表示在1%、5%和10%水平上显著，括号内的值为t值。

（3）改变被解释变量债务融资成本的度量方法。

参考李广子和刘力（2009）的研究，选取多个度量指标对债务融资成本进行衡量。①利息费用类指标：债务融资成本COD=利息支出/总负债，在前面已经用作衡量被解释变量；②净财务费用类指标：债务融资成本COD1=（利息支出+手续费+其他财务费用）/总负债；③期间费用类指标：债务融资成本COD2=财务费用/（销售费用+管理费用+财务费用），债务融资成本COD3=（利息支出+手续费+其他财务费用）/（销售费用+管理费用+财务费用）。采用以上三种度量方法对会计稳健性与债务融资成本重新进行实证检验，如表6-7所示，条件稳健性Cscore的估计系数显著为负，非条件稳健性CONSV的估计系数并非如此，这与前面的实证结果基本保持一致。

表6-7　会计稳健性与债务融资成本的检验结果

变量	COD1	COD2	COD3	COD1	COD2	COD3
Cscore	-0.0048* (-1.7502)	-0.0078** (-2.3685)	-0.1002*** (-3.8191)			
CONSV				0.0019** (2.1412)	0.0025*** (2.7484)	0.0331*** (3.1492)
Size	-0.0010*** (-6.2603)	-0.0010*** (-5.5640)	0.0249*** (14.8797)	-0.0002 (-1.2403)	-0.0002* (-1.7047)	0.0262*** (18.0149)
ROA	0.0032** (2.5698)	0.0036*** (2.7179)	-0.6391*** (-19.1901)	-0.0475*** (-16.4035)	-0.0465*** (-15.6987)	-0.6890*** (-20.4202)

续表

变量	COD1	COD2	COD3	COD1	COD2	COD3
Growth	-0.0007*** (-3.0991)	-0.0007*** (-2.7516)	0.0113*** (5.1404)	-0.0003 (-1.6197)	-0.0003* (-1.7542)	0.0076*** (3.3858)
Fixass	0.0321*** (33.5384)	0.0329*** (31.7972)	0.1627*** (13.7805)	0.0196*** (19.2284)	0.0200*** (19.1523)	0.1793*** (15.0754)
Intcov	-0.0000 (-1.1768)	0.0000 (1.3247)	0.0001* (1.6537)	0.0000*** (2.6620)	0.0000*** (2.6279)	0.0001* (1.7105)
CF	-0.0101*** (-4.3077)	-0.0091*** (-3.5545)	-0.0921*** (-3.8333)	0.0037* (1.7354)	0.0049** (2.2642)	-0.1478*** (-6.0162)
Share	-0.0001*** (-7.8234)	-0.0001*** (-7.5890)	-0.0004*** (-3.0364)	-0.0001*** (-7.6975)	-0.0001*** (-7.7712)	-0.0005*** (-4.0912)
Age	0.0001** (2.0528)	0.0001* (1.9377)	0.0014*** (3.2534)	0.0001* (1.8699)	0.0001 (1.5655)	0.0014*** (3.1886)
State	-0.0032*** (-8.3215)	-0.0033*** (-7.9891)	-0.0280*** (-7.2693)	-0.0030*** (-8.9579)	-0.0031*** (-9.0222)	-0.0333*** (-8.6270)
Constant	0.0505*** (13.5743)	0.0538*** (13.6127)	-0.2771*** (-6.9227)	0.0377*** (13.2432)	0.0402*** (13.7793)	-0.3596*** (-10.8273)
IND	控制	控制	控制	控制	控制	控制
Year	控制	控制	控制	控制	控制	控制
Adj-R^2	0.1512	0.1453	0.3721	0.2574	0.2566	0.3575
F-Value	88.7875	82.2366	90.8697	55.2285	55.0091	88.0574
N	9858	9858	9858	9858	9858	9858

注：***、**和*分别表示在1%、5%和10%水平上显著，括号内的值为t值。

参考有关研究，对以下变量重新界定。银行贷款规模(Bank1) = (短期借款 + 长期借款)/负债，公司债券规模(Bond1) = 应付债券/负债，商业信用规模(TC1) = (应付账款 + 应付票据 + 预收账款)/负债。采用以上计量方法对会计稳健性与债务融资结构重新进行实证检验，结果保持稳定，如表6-8所示。

表 6-8　会计稳健性与债务融资结构的检验结果

变量	Bond1	Bank1	TC1
Cscore	0.1462*** (2.6827)	0.0869** (2.2519)	0.0596** (2.0498)
Size	-0.0137*** (-3.4299)	0.0115*** (2.9632)	-0.0062* (-1.8165)
ROA	-0.2781** (-2.5350)	-0.3927*** (-6.4158)	0.2914*** (5.4953)
Growth	-0.0090** (-2.1770)	0.0020 (0.8182)	0.0012 (0.4717)
Fixass		0.2032*** (6.8962)	-0.1735*** (-7.2468)
Intcov		0.0001 (1.2046)	
CF	-0.0123 (-0.3162)		-0.0019*** (-3.1551)
Share		-0.0006** (-2.1661)	
Age	-0.0012 (-1.6456)	-0.0008 (-0.9101)	-0.0046*** (-6.1936)
State	0.0132 (1.5987)	-0.0300*** (-3.2321)	0.0328*** (3.7591)
Constant	0.7148*** (7.6510)	0.2547*** (2.9762)	0.4443*** (5.6645)
IND	控制	控制	控制
Year	控制	控制	控制
Adj-R^2	0.3380	0.2412	0.3092
F-Value	26.9797	56.5820	87.8777
P值（Chow检验）	0.0000***		0.0000***
N	2616	9858	9858

注：***、**和*分别表示在1%、5%和10%水平上显著，括号内的值为t值。

(4) 其他稳健性检验。

为了控制异方差和序列相关问题,对所有估计系数的标准误进行了 Cluster 处理。此外,实证模型中主要解释变量 VIF 值都小于 5,均值也小于 3,表明模型没有严重的共线性问题。

6.5 本章小结

企业如何披露财务报告是会计研究的关键所在,这个核心问题受到了学术界的热烈讨论(Fields et al.,2001;Tan,2013)。依据契约理论,稳健的财务报告能使投资者更好地行使契约中要求的权利(Tirole,2006)。会计稳健性能否有效提高企业的债务融资水平?融资是企业通过适当的方式进行筹集资金,从而满足生产经营和对外投资等经济活动的需要,这不仅是会计与财务的首要环节,也是企业生存与发展的基本前提和重要保障。债务融资是企业融资的重要方式,通过银行贷款、发行债券和商业信用等渠道获取。资本市场为企业债务融资的主要场所,会计稳健性则是保证证券市场有效运转的基础。

基于会计信息与公司治理的视角,本章剖析了会计稳健性在企业外部债务融资中的重大作用。会计稳健性能够降低企业与债权人之间的信息不对称,对资产与收益采取较为谨慎的确认标准提高了债务违约的预测能力。会计稳健性不仅是一种有效的治理机制,还能够通过传递正向的信号帮助债权人区别于财务状况较差的企业,促进企业的债务融资水平提升。会计稳健性降低了债权人的风险,则债权人要求的风险附加率就会减小,具体表现为会计稳健性对债务融资规模具有正向影响、对债务融资成本具有负向影响以及对债务融资结构的异质性。此外,面对学术界对会计稳健性产生的质疑,将会计稳健性具体分为条件稳健性和非条件稳健性进行深层次研究。由于条件稳健性与非条件稳健性在产生机制与作用机理方面存在不同,两者对企业债务融资的影响也存在差异,同非条件稳健性相比,条件稳健性的增强更有助于企业获得较大的债务融资规模和较低的债务融资成本。本章的研究结论充分揭示了会计稳健性在实践执行过程中的经济效益,对其进行深入剖析为企业治理机制乃至会计制度建设提供重要的理论指导与政策建议。

第 7 章

金融股权关联与会计稳健性对债务融资的影响

在第 5 章和第 6 章中,分别研究了金融股权关联和会计稳健性对债务融资的影响。金融股权关联和会计稳健性既相互联系,又各有不同,本章将两者放入同一研究框架,首先通过相关理论深入剖析,然后实证检验金融股权关联与会计稳健性两者共同作用下对债务融资的影响,以及在产权性质和货币政策的视角下两者对债务融资的作用机制。

7.1 理论分析与研究假设

条件稳健性意味着后续计量谨慎,是指对资产与负债进行后续计量时,在面临不利的情况下将资产账面价值予以降低,而在有利的情况下却不提高资产的账面价值,表现为会计盈余对"好消息"与"坏消息"反应的非对称性;非条件稳健性代表初始计量谨慎,是指当取得资产或负债时就决定选择谨慎的会计处理方法,该方法将使企业净资产账面价值相对于市场价值被持续地低估。非条件稳健性的运用可能会削弱管理层对条件稳健性的执行力度,这样的替代关系降低了企业资源配置效率(Beaver and Ryan,2005),从而深入剖析条件稳健性与非条件稳健性替代效应产生的特殊背景具有重大意义。

同金融机构建立关联关系是企业在资本市场上获得债务融资的重要手段,而会计稳健性是高质量财务报告的一个重要属性,企业是否会利用金融股权关联对条件稳健性和非条件稳健性之间的替代关系进行债务融资值得研究。大多数文献研究会计稳健性时以条件稳健性为主,但非条件稳健性对条件稳健性存在着先占作用(Beaver and Ryan,2005),即由于非条件稳健性的存在,资产在获取时就被低估,当随后产生坏消息,资产对坏消息的反应会被抵消一部分,则将条件稳健性与非条件稳健性同时纳入一个框架能得出更为有效的研究结论。

非条件稳健性主要作用于企业的事前金融股权关联。拥有信息优势的企业存在对金融机构披露有关未实现收益而隐瞒有关已实现损失的动机,而独立于外部信息的非条件稳健性的存在使企业经营活动的结果及时得以反映,有效缓解了金融机构与企业的信息不对称,进而达到外部投资者对会计稳健性的要求。同条件稳健性带给管理层较多的自主判断空间相比,非条件稳健性具有更好的客观性,通过为投资者提供高质量的企业会计信息,有助于增强金融机构以及其他投资者对于企业构建金融股权关联的信心。金融股权关联建立后,条件稳健性发挥着主导作用。一方面,非条件稳健性意味着初始计量谨慎,选择该方法将使企业净资产账面价值相对于市场价值被持续地低估。然而,条件稳健性是指面临市场经济消息时更及时地确认损失而非利得,这种衡量方法能够真实反映企业的盈余水平。另一方面,条件稳健性作为公司治理的构成部分,将抑制管理层在融资过程中滋生的过度自信,以及有效约束管理层的机会主义行为。同时,条件稳健性及时确认损失使金融机构获悉投资项目净现值为负的信号,通常会计稳健的企业将拒绝净现值为负的项目,而将更多的资本配置到正净现值项目中。企业为了同金融机构维持良好的债务融资关系,将针对不利投资项目及时运用适当举措,进而保证企业的经营状况与盈利水平。综上所述,建立金融股权关联前,随着非条件稳健性增强,发挥着对企业债务融资的主要作用;建立金融股权关联后,条件稳健性的增强使其占据主导地位。因此,本章在探讨金融股权关联、会计稳健性与债务融资关系时,会计稳健性仅指条件稳健性。

7.1.1 金融股权关联、会计稳健性与债务融资规模、债务融资成本

首先,企业通过持股方式与金融机构形成关联关系,而损失与收益的非对称性使作为债权人的金融机构重视企业的会计稳健性。会计稳健性提早确认坏消息并且延迟确认好消息,对资产和收益选择较为谨慎的确认标准,将提高债务违约的预测能力和债务人监管的及时性,进而引导债务资金的正向流动以及

保护债权人的利益。总体而言，在金融股权关联与会计稳健性共同作用下，促进了企业债务融资规模的扩大和债务融资成本的减少。

其次，企业可能以金融股权关联获得的融资平台作为管理层"寻租"的途径，造成管理层对自由现金流的滥用，甚至将更多的自由现金流用于投资净现值为负的项目，此种情况下反而增加了代理成本。为了个人利益管理层会高估净资产和累计盈余，而会计稳健性对好消息更严格的确认标准能够有效抑制管理层的投机行为，这对债权人而言有着重要的保护效应。此外，通过关联关系金融机构能够获得企业的内部信息，进一步降低了信息不对称程度；金融机构对企业的信息监督缓解了代理冲突，在一定程度上也提高了会计稳健性。

最后，金融股权关联带来的各种资源倾斜使经济利益流入企业，而具有金融股权关联的企业将会推迟经济利益的确认。企业不愿监管部门和媒体等利益相关者热衷于讨论经济利益背后的关联关系。金融股权关联是一种非正式制度，持续的关注可能招致社会大众对于企业金融股权联系形成过程的质疑，从而削弱金融关系的作用（陈艳艳等，2013）。会计稳健性提早确认坏消息且延迟确认好消息，这种计量方法推迟确认金融股权关联带来的经济利益，将其在未来期间逐步确认，削减社会过多的关注热度，有效促进金融股权关联对债务融资作用的发挥。此外，金融股权关联意味着企业拥有一定的社会关系和声誉机制，更会注意自身的形象。当企业受到政府相关部门、社会媒体以及公众的更多关注，股东会竭力避免影响其个人声誉事件的发生，此时企业的会计稳健性较高。因此，金融股权关联与会计稳健性可能存在叠加的效应，两者之间的互补关系能够提高企业的债务融资效率。根据以上分析，提出以下假设：

假设 7-1a：金融股权关联与会计稳健性在债务融资中存在互补关系，即会计稳健性水平越高，金融股权关联与债务融资规模的正相关关系、债务融资成本的负相关关系越强。

在企业的债务融资过程中，债权人主要的风险是贷款本金以及利息是否及时、全额收回，则债务人的偿债能力是债权人发放贷款时首要考虑的因素（孙铮等，2006）。作为会计信息质量重要特征的稳健性是债权人放贷的主要依据，高质量的会计信息将降低投资者的信息和决策风险。一方面，会计稳健性在会计核算时低估收益且高估损失，同时对于坏消息的反应快于好消息的反应，这种稳健性处理缓解了企业与投资者由于信息不对称性带来的逆向选择和道德风险问题，有助于投资者准确地预估企业的未来现金流以及保护投资者的权益。另一方面，作为一种有效治理机制的会计稳健性，通过损失和收益的非对称性确认限制了管理层对盈余的操纵空间以及减少了管理层的侵占行为。会计稳健性的增强有利于依赖财务报告评价企业绩效的准确度提高，通过有效降低债权人的风险提高企业的债务融资水平，从而降低企业同金融机构建立股权关联的动机，进一步削弱金融股权关联与企业债务融资的相关关系。因此，随着稳健性水平的提高，作为金融股权关联替代机制的会计稳健性有助于企业进行债务融资。

采用会计稳健性衡量企业的财务状况可能存在一些问题。一方面，历史成本计价方式导致会计信息只是对企业过去的经营状态进行描述，而无法准确地预测企业未来的经营业绩和发展前景（邓建平，2014）。另一方面，根据货币计量的特点致使预测企业未来偿债能力的非货币化会计信息难以得到有效利用（潘克勤，2009）。会计稳健性本身的局限可能迫使债权人选择其他机制代替会计稳健性，进而降低对会计稳健性的依赖程度。金融股权关联作为一种关系资源，企业与金融机构建立的直接对接联系可以获得金融资源，从而降低对企业会计稳健性的需求。我国目前处于转型的市场经济中，由于法律监管力度薄弱以及诚信体系缺失，金融机构与企业之间会出现信息不对称问题，而两者保持信任合作关系尤为重要。金融股权关联作为具有声誉效应的隐性担保机制，能够降低外部投资者的风险，从而降低了对企业会计信息稳健性的要求。

金融股权关联和会计稳健性以不同方式提高债务融资规模和降低债务融资成本，两者之间的动态性呈现出替代关系。从资源角度来说，企业与金融机构的密切关系能够促进资源效应的发挥，降低了企业的还款风险，声誉机制使企业承担高昂的违约成本，从而减弱了债权人对会计稳健性的依赖。从成本角度来说，金融股权关联的建立需要一定成本，也需要有经验的专业人员进行维护与完善，而会计稳健性的存在使企业降低由搭建金融桥梁产生的成本（孙莉儒和薛莹雯，2018）。当低成本且高效率的稳健性信息将积极的信号传递给债权人时，基于企业与债权人之间稳定的信任关系，债权人会对金融股权关联关系需求下降。换而言之，金融股权关联通过发挥资源效应和信息效应，能够提高企业的债务融资水平，而会计稳健性通过发挥信号机制和治理机制也能够增加债务融资效率，即削弱融资过程中对金融股权关联的依赖程度，则两者之间具有替代关系。根据以上分析，提出以下假设：

假设7-1b：金融股权关联与会计稳健性在债务融资中存在替代关系，即会计稳健性水平越高，金融股权关联与债务融资规模的正相关关系、债务融资成本的负相关关系越弱。

我国处于转型的金融制度环境中，产权性质是影响企业债务融资的重要因素。金融资源大部分流向国有企业，国企有着得天独厚的融资优势（Lu et al.，2012）。第一，相比非国有企业，金融机构更容易取得国有企业的相关信息，进行信用风险评价成本也更低，因而倾向与国有企业建立金融股权关系。第二，在产品和要素等市场中，国有企业能够获得政府补贴和采购等较多的资源禀赋（陈国辉等，2017），降低经营风险，使债务融资中的债权人形成一种稳定预期，从而获取较大的债务融资规模和较低的债务融资成本。第三，国有企业赋有政府信用的隐性担保，降低了信用风险和违约风险，即使企业面临违约问题，政府也会通过金融机构的再融资帮助企业渡过难关。因此，国有企业容易持股金融机构，并且获得的债务融资规模更大和债务融资成本更低。

对于债权人而言，国有企业自身的产权性质是一种债务融资契约的保证机制。一方面，国有企业能够获得政府的资源倾斜，为其生产经营发展奠定了重要基础。当国有企业陷入财务困境时，政府通过银行贷款直接方式或者资产重组间接方式扶持企业，使债权人可以收回应收款项，有助于债务融资契约的履行。在债务契约执行的过程中，政府为国有企业提供的隐性担保削弱了债权人等利益者对会计稳健性的需求，从而降低了国有企业的稳健性。另一方面，国有企业存在严重的所有者缺位问题，委托人监督的无效及治理机制的缺失都会带来代理问题，例如，管理层为了私利进行盈余操纵，降低了会计稳健性对信息不对称的缓解作用，以致损害会计稳健性（朱茶芬和李志文，2008）。因此，与非国有企业相比，国有企业更易同金融机构建立股权关系，并且对会计稳健性的需求相对较少，则金融股权关联代替会计稳健性降低了债务融资成本。综合以上分析，提出如下假设：

假设7-2：相比非国有企业，国有企业的金融股权关联与会计稳健性在债务融资中存在的替代关系更强。

7.1.2 金融股权关联、会计稳健性与债务融资结构

货币政策对企业的调控手段主要通过利率传导机制和信贷传导机制。基于我国现阶段利率没有实现完全自由化的情况，在货币政策传导过程中信贷渠道

占主导地位。不完善的资本市场导致信息不对称和契约成本等问题，银行在降低信贷市场的融资风险和交易成本方面发挥着重要作用，货币政策通过银行信贷可得性的传导机制，进而对实体经济的投资活动形成影响（郑军等，2013）。银行和企业的债务契约对货币政策变化更为敏感，在货币政策紧缩时，债权人通过减少发放贷款资金来规避债务违约风险（李连发和辛晓岱，2012）。

宏观经济形势、货币政策和产业政策等影响着企业获取外部融资的条件概率，但信息不对称程度是决定概率大小的关键性因素（Campello et al.，2011）。金融股权关联的价值体现在信息的取得与传递优势上，信息不对称的减弱提高了企业在货币紧缩时期获取债务融资的条件概率。然而，当人民银行实行紧缩的货币政策时，商业银行作为货币的直接供给方，为了自身的利益会收缩贷款规模，则企业同金融机构建立关联关系难度增加。作为货币需求方的企业为了生产经营进行债务融资，在货币紧缩的情况下，即使企业已经与金融机构建立股权关联，由于执行成本与维护成本较高，很可能寻求其他治理机制获得较大的债务融资规模和债务融资成本。

一方面，宏观的货币政策作用于微观的企业，随之改变的是企业面临的市场信息环境。在货币政策紧缩时期，不确定的信息提高了企业与投资者的信息不对称程度（Khan and Watts，2009），然而在不对称的信息条件下将运用较为稳健的会计处理（Lafond and Watts，2008；Moerman，2008）。另一方面，在信贷传导机制中，货币政策对实体经济的调控方式不仅包括债券利率和融资成本，还包括银行对企业的贷款额度（饶品贵和姜国华，2011）。信贷配给现象的存在增加了银行选择企业的弹性空间，此时会计稳健性将作为银行的重要选择标准。企业尽早确认损失和推迟确认收益的稳健会计处理保证了银行贷款的安全性，也降低了债务企业的违约风险。在利率传导机制中，银根紧缩使企业的银行贷款成本增加，而会计稳健性较高的企业能够获取较低的债务融资成本（Ahmed et al.，2002；Zhang，2008）。因此，在货币政策紧缩阶段，会计稳健性作为有效的治理机制代替了金融股权关联对债务融资的作用，能够为企业取得较大的融资规模和较低的贷款成本。根据以上分析，提出如下假设：

假设7-3：在货币政策紧缩时，相比公司债券和商业信用，金融股权关联与会计稳健性在银行贷款中存在的替代关系更强。

7.2 研究设计

7.2.1 样本选取与数据来源

由于2006年我国会计准则发生重大变化,新会计准则于2007年1月1日率先在上市公司中执行,因此选取2007~2016年沪深两市A股主板上市公司作为初选样本,并且进行以下筛选:(1)剔除ST的上市公司,以保证研究样本性质的一致性;(2)由于金融行业具有特殊性,则剔除金融行业的上市公司;(3)剔除财务数据缺失的上市公司;(4)由于本章研究涉及滞后一期的处理方法以及IPO上市公司当年的会计盈余与其他年份差异较大,则剔除IPO当年的上市公司;(5)鉴于公司过去实施会计政策的影响,则剔除IPO不足三年的上市公司。为了消除极端值对研究结果的影响,对所有连续型变量进行了1%缩尾处理。

上市公司的财务数据等来源于国泰安(CSMAR)数据库,其中上市公司持有非上市金融机构股权的数据来源于万德(Wind)数据库,而上市公司持有上市金融机构股权的数据来源于上市金融机构的年报信息,通过手工搜集与整理而得。特别说明的是,国泰安中国上市公司银行贷款数据库中只对上市公司发布的银行借款公告进行了披露,为了保证银行借款数据的完整性,对上市公司财务报告的附注进行了手工搜集与信息整合,包括当年每笔新增的有息银行贷款的起止日期、借款金额和利率水平。运用统计软件Stata 15进行数据处理。

7.2.2 模型设定与变量定义

(1)由于上市公司持股金融机构和公司特征可能存在内生关系,采用Heckman两阶段模型(Fohlin,1988;陈栋和陈运森,2012)。第一阶段,首先,运用Probit回归估计模型(7-1),依据模型(7-1)中的影响因素计算出企业持股金融机构的概率;其次,通过预测结果分别估计持股金融机构与非持股金融机构的逆米尔斯系数（IMR）；最后，将逆米尔斯系数置入后续检验模型中，并作为回归模型内生性问题的控制变量。借鉴已有研究发现以下因素可能影响企业持有金融机构股权，具体如模型（7-1）所示：

$$FC = \alpha_0 + \alpha_1 PreSize + \alpha_2 PreROA + \alpha_3 PreGrowth + \alpha_4 PreCash \\ + \alpha_5 PreTobinQ + \alpha_6 PreAge + \alpha_7 State + \alpha_i Ind + \alpha_j Year + \varepsilon \quad (7-1)$$

其中，FC 表示企业是否持有金融机构股权的虚拟变量，当企业持有金融机构股权时为1，否则为0。金融机构持股的虚拟变量 FC 仍然采用第5章的计量方法，即将持有金融机构股权超过2%并且作为前十大股东的企业定义为持有金融机构股权的企业。PreSize 为期初企业规模；PreROA 为上期盈利能力；PreGrowth 为上期成长能力；PreCash 为上期现金持有水平；PreTobinQ 为上期投资机会；PreAge 为期初上市年限；State 为产权性质的虚拟变量；Ind 和 Year 分别表示控制行业和年度效应的虚拟变量。

第二阶段，为检验假设 7-1 金融股权关联和会计稳健性对债务融资规模和债务融资成本的影响，构建以下模型：

$$LEV = \beta_0 + \beta_1 FCS + \beta_2 FCS \times Cscore + \beta_3 Cscore + \beta_4 Size + \beta_5 ROA \\ + \beta_6 Growth + \beta_7 Fixass + \beta_8 Intcov + \beta_9 CF + \beta_{10} Share \\ + \beta_{11} Age + \beta_{12} State + \beta_{13} IMR + \beta_i Ind + \beta_j Year + \varepsilon \quad (7-2)$$

$$COD = \beta_0 + \beta_1 FCS + \beta_2 FCS \times Cscore + \beta_3 Cscore + \beta_4 Size + \beta_5 ROA \\ + \beta_6 Growth + \beta_7 Fixass + \beta_8 Intcov + \beta_9 CF + \beta_{10} Share \\ + \beta_{11} Age + \beta_{12} State + \beta_{13} IMR + \beta_i Ind + \beta_j Year + \varepsilon \quad (7-3)$$

模型（7-2）和模型（7-3）的被解释变量分别是债务融资规模 LEV 和债务融资成本 COD，解释变量是金融股权关联 FCS 和会计稳健性 Cscore，本章仍然采用第5章和第6章的计量方法。借鉴已有研究，对所有假设控制了其他可能对债务融资产生影响的因素。控制变量包括企业规模（Size）、盈利能力（ROA）、成长能力（Growth）、固定资产比例（Fixass）、利息保障倍数（Intcov）、经营现金流量（CF）、第一大股东持股比例（Share）、上市年限（Age）和产权性质（State），并且引入行业和年度虚拟变量对行业和时间干扰因素加以控制。

（2）为检验假设 7-3 基于货币政策的金融股权关联、会计稳健性与债务融资结构的影响，构建以下模型：

第7章 金融股权关联与会计稳健性对债务融资的影响

$$Bank = \beta_0 + \beta_1 FCS + \beta_2 FCS \times Cscore + \beta_3 Cscore + \beta_4 Size$$
$$+ \beta_5 ROA + \beta_6 Growth + \beta_7 Fixass + \beta_8 Intcov$$
$$+ \beta_9 Age + \beta_{10} State + \beta_i Ind + \beta_j Year + \varepsilon \quad (7-4)$$

$$Bond = \beta_0 + \beta_1 FCS + \beta_2 FCS \times Cscore + \beta_3 Cscore + \beta_4 Size + \beta_5 ROA$$
$$+ \beta_6 Growth + \beta_7 CF + \beta_8 Bondsize + \beta_9 MAT + \beta_{10} Bondrate$$
$$+ \beta_{11} Put + \beta_{12} Age + \beta_{13} State + \beta_i Ind + \beta_j Year + \varepsilon \quad (7-5)$$

$$TC = \beta_0 + \beta_1 FCS + \beta_2 FCS \times Cscore + \beta_3 Cscore + \beta_4 Size + \beta_5 ROA$$
$$+ \beta_6 Growth + \beta_7 Fixass + \beta_8 CF + \beta_9 Age$$
$$+ \beta_{10} State + \beta_i Ind + \beta_j Year + \varepsilon \quad (7-6)$$

依据陆正飞和杨德明（2011）的衡量方法，书中运用"M2增长率—GDP增长率—CPI增长率"的数值作为标准，以此估算货币政策的松紧程度，最终选定货币政策紧缩时期为2007年、2008年、2011年和2016年。进一步地，检验银行贷款、公司债券和商业信用组间系数差异的显著性，参照Bharath（2008）和蒋琰（2009）的计量方法，构建选择模型且运用Chow检验来解决问题，具体方法见第5章。模型（7-4）、模型（7-5）和模型（7-6）的被解释变量分别是债务融资结构中的银行贷款（Bank）、公司债券（Bond）和商业信用（TC），仍然采用第5章的计量方法。

模型中其他控制变量具体定义见表7-1。

表7-1　变量定义

变量类型	变量名称	变量代码	变量定义
被解释变量	债务融资规模	LEV	负债总额/总资产
	债务融资成本	COD	利息支出/总负债
	债务融资结构	Bank	银行贷款规模（Bank1）=（短期借款+长期借款）/总资产
			银行贷款成本（Bank2）根据公式所得
		Bond	公司债券规模（Bond1）=应付债券/总资产
			公司债券成本（Bond2）=债券到期收益率—同期国债收益率
		TC	商业信用规模（TC1）=（应付账款+应付票据+预收账款）/总资产
			商业信用成本（TC2）=预付账款/总资产

续表

变量类型	变量名称	变量代码	变量定义
解释变量	金融股权关联	FCS	企业持有金融机构股权大于2%的比例且为金融机构的前十大股东
	条件稳健性	Cscore	根据 Cscore 模型计算所得
控制变量	公司规模	Size	总资产的自然对数
	盈利能力	ROA	净利润/总资产
	成长能力	Growth	(本年营业收入 − 去年营业收入)/去年营业收入
	固定资产比例	Fixass	固定资产/总资产
	利息保障倍数	Intcov	息税前利润/利息费用
	经营现金流量	CF	经营活动产生的现金流量/总资产
	第一大股东持股比例	Share	第一大股东持股比例
	债券规模	Bondsize	债券发行规模的自然对数
	债券剩余期限	MAT	债券到期年份减去观测年份
	债券评级	Bondrate	AA − 为1，AA 为2，AA + 为3，AAA 为4
	是否回售	Put	有约定回售条款取1，否则为0
	上市年限	Age	上市年限的自然对数
	产权性质	State	当企业最终控制人是国有为1，否则为0
	行业控制变量	IND	为该行业时取1，否则为0
	年度控制变量	Year	为该年份时取1，否则为0

7.3 实证分析

7.3.1 描述性统计分析

表7-2列示了全体样本主要变量的描述性统计，由于第5章和第6章的描述性统计已经进行了详细分析，这里不再赘述。表7-3是主要变量的分组描述性统计，根据产权性质将样本分为国有上市公司6100个和非国有上市公司3111个两组，其中国有公司占样本量的66.23%，表明我国A股上市公司

第7章 金融股权关联与会计稳健性对债务融资的影响

中大部分为国有公司。表中选取国有上市公司和非国有上市公司的平均值和标准差，并且对平均值进行了 T 检验。研究发现，国有企业的金融股权关联 FCS 平均值为 0.0371 显著高于非国有企业 FCS 平均值为 0.0285。此外，企业规模（Size）、盈利能力（ROA）、成长能力（Growth）、固定资产比例（Fixass）、经营现金流量（CF）、第一大股东持股比例（Share）、上市年限（Age）两个样本组也存在显著差异，则将全体样本分为国有上市公司与非国有上市公司分别研究具有重要意义。

表 7-2　　　　　　　　　　主要变量的描述性统计

变量	样本量	最大值	最小值	平均值	中位数	标准差
LEV	9211	1.1612	0.1072	0.5372	0.5433	0.1977
COD	9211	0.0721	0.0001	0.0251	0.0238	0.0161
Bank1	9211	0.6949	0.0000	0.2019	0.1810	0.1638
Bank2	3360	11.0926	1.0800	5.4683	5.8487	1.7282
Bond1	2616	0.2204	0.0000	0.0974	0.0897	0.0560
Bond2	510	5.1600	-3.2000	2.0900	2.0300	1.4738
TC1	9211	0.5702	0.0048	0.1672	0.1332	0.1277
TC2	9211	0.2209	0.0001	0.0317	0.0180	0.0398
FCS	9211	0.4900	0.0000	0.0342	0.0000	0.0911
Cscore	9211	0.2752	-0.2237	0.0397	0.0224	0.0801
Size	9211	26.2455	19.2488	22.4452	22.3170	1.3713
ROA	9211	0.1907	-0.2380	0.0314	0.0283	0.0553
Growth	9211	5.1711	-0.6341	0.1899	0.0911	0.6203
Fixass	9211	0.7706	0.0017	0.2579	0.2183	0.1911
Intcov	9211	222.6862	-258.8832	3.3785	3.0365	44.8524
CF	9211	0.2605	-0.2008	0.0438	0.0437	0.0768
Share	9211	77.1300	8.5000	36.5015	34.3800	15.8712
Bondsize	510	4.7005	0.6931	2.4126	2.3026	0.8013
MAT	510	15.0000	0.0000	5.3347	5.0000	1.6929
Bondrate	510	4.0000	0.0000	2.9307	3.0000	0.8712
Put	510	1.0000	0.0000	0.6238	1.0000	0.4849
Age	9211	24.0000	2.0000	14.2386	15.0000	5.0548
State	9211	1.0000	0.0000	0.6623	1.0000	0.4730

表 7 - 3　　　　　　　　　主要变量的分组描述性统计

解释变量	国有上市公司（N = 6100）		非国有上市公司（N = 3111）		T 检验
	平均值	标准差	平均值	标准差	T 值
FCS	0.0371	0.0953	0.0285	0.0821	-0.0087***
Cscore	0.0492	0.0824	0.0393	0.0753	-0.0007
Size	22.6206	1.3986	22.1012	1.2464	-0.5194***
ROA	0.0295	0.0526	0.0351	0.0601	0.0056***
Growth	0.1650	0.5312	0.2388	0.7632	0.0738***
Fixass	0.2798	0.1994	0.2149	0.1656	-0.0650***
Intcov	3.1595	43.6792	3.8080	47.0723	0.6484
CF	0.0457	0.0735	0.0401	0.0828	-0.0056***
Share	39.1240	15.5128	31.3593	15.3003	-7.7646***
Age	14.3587	4.8680	14.0032	5.3954	-0.3555***
State	1.0000	0.0000	0.0000	0.0000	-1.0000

注：*** 表示在 1% 水平上显著，双尾检验。

7.3.2　实证检验与结果分析

表 7 - 4 列示了克服样本内生性问题后，金融股权关联与会计稳健性对债务融资规模、债务融资成本的 Heckman 两阶段回归结果。由表中第一阶段回归结果可知，企业规模、盈利能力、成长能力、现金持有、上市年限和产权性质是影响企业持股金融机构的重要因素。由表中第二阶段回归结果可知，第四列 FCS 的回归系数在 1% 的统计水平上为正数，FCS × Cscore 的系数在 1% 的水平上显著为负，回归结果说明，随着会计稳健性的提高，金融股权关联与债务融资规模的正相关关系显著减弱。具体而言，会计稳健性越强，企业通过稳健性的会计信息获得的债务融资规模越大，则债务融资中对金融股权关联的持股比例要求越低，即降低了对于金融股权关联的依赖程度。同理，第五列 FCS 的回归系数在 5% 的统计水平上为负数，FCS × Cscore 的系数在 5% 的水平上显著为正，表明随着会计稳健性的不断提高，金融股权关联与债务融资成本的负相关关系显著减弱。

一方面，债务契约中债权人最关心企业在破产清算的情况下，资产能否及时全额还清账款。会计稳健性可视为企业积极信号的显示，稳健性向债权人等

第7章 金融股权关联与会计稳健性对债务融资的影响

利益相关者传递了企业财务状况,使债权人全面掌握企业经营的可持续性等信息,从而降低违约风险,保证企业与债权人的长期契约关系。另一方面,在债务契约履行中,债权人面临企业经营管理效率低下等信用风险,会计稳健性可以通过在债务契约中增加相关的保护性或者限制性条款,抑制管理层的机会主义行为,使债权人的债务风险降低,即会计稳健性越强,债权人的风险越低,则企业取得的债务融资规模越大以及债务融资成本越低。由此可见,会计稳健性能够减少构建金融股权关联产生的执行与维护成本,削弱了企业在债务融资中对金融股权关联的依赖程度,即会计稳健性降低了金融股权关联对债务融资规模和债务融资成本的影响。据此,假设7-1b 金融股权关联与会计稳健性在债务融资中存在替代关系得到论证。

此外,书中控制了公司规模(Size)、盈利能力(ROA)、成长能力(Growth)、固定资产比例(Fixass)、利息保障倍数(Intcov)、经营现金流量(CF)、第一大股东持股比例(Share)、上市年限(Age)、产权性质(State)、行业(IND)和年度(Year)对企业债务融资的影响,大多数回归结果与已有研究一致,个别系数与预期符号相反可能是受到其他未知因素的干扰。

表7-4　　　金融股权关联、会计稳健性与债务融资规模、债务融资成本的回归结果

一阶段回归:		二阶段回归:		
	FC		LEV	COD
PreSize	0.3819 *** (23.1966)	FCS	0.1290 *** (4.0329)	-0.0602 ** (-2.0787)
PreROA	-0.6832 * (-1.8164)	FCS × Cscore	-2.4928 *** (-8.0431)	1.1598 ** (2.0854)
PreGrowth	-0.0833 *** (-3.0090)	Cscore	0.6409 *** (8.3640)	-0.2202 (-1.5753)
PreCash	-0.5115 *** (-2.9901)	Size	0.2774 *** (8.0436)	-0.0440 *** (-3.4451)
PreTobinQ	0.0084 (0.5589)	ROA	-1.6638 *** (-17.8856)	-0.3184 ** (-2.5120)
PreAge	0.0065 * (1.7739)	Growth	0.0389 *** (5.0361)	0.0134 (1.2826)

续表

一阶段回归:		二阶段回归:		
	FC		LEV	COD
State	-0.0978***	Fixass	0.1314***	-0.0423
	(-2.6625)		(4.4480)	(-1.2174)
		Intcov	-0.0001	0.0000
			(-0.5870)	(0.0930)
		CF	0.2845	-0.2442***
			(1.4592)	(-3.8036)
		Share	0.0001	0.0005*
			(0.2039)	(1.6956)
		Age	0.0019**	0.0002
			(2.0917)	(0.1518)
		State	0.0065	-0.0137
			(0.6900)	(-1.0335)
Constant	-7.8907***	Constant	0.4624***	1.2640***
	(-21.5546)		(12.5426)	(4.1547)
IND	控制	IND	控制	控制
Year	控制	Year	控制	控制
		Wald chi^2	985.3269	968.8445
		Prob > chi^2	0.0000	0.0000
N	9211	N	9211	9211

注:一阶段回归中括号内为 z 值,二阶段回归中括号内为经过异方差调整后的双尾检验 t 值;
***、** 和 * 分别表示在 1%、5% 和 10% 水平上显著。

我国的上市公司有一部分是由国有企业转制而成,产权性质这一特殊的制度为资本市场的财务会计领域带来新的研究视角。在假设 7-1 的基础上,假设 7-2 进一步研究了产权性质对于金融股权关联、会计稳健性与债务融资的影响。表 7-5 列示了分组回归结果,表中第五列国有上市公司 FCS 在 1% 的水平上显著为正,FCS × Cscore 在 1% 的水平上显著为负;非国有上市公司的交乘项显著,而 FCS 的估计系数不显著。表中第六列国有上市公司 FCS 在 5% 的水平上显著为负,FCS × Cscore 在 5% 的水平上显著为正;非国有上市公司的交乘项显著,而 FCS 的估计系数不显著。在我国的信贷市场中,金融机构偏好国有企业的信贷歧视问题一直存在。尽管随着金融市场的不断改革，政府对信贷投放的直接干预能力逐渐减弱，但我国的商业金融机构大部分是国有性质，政府对金融机构依旧具有重要的间接作用。出于政治目的而非经济利益，金融机构担负着向国有企业提供政策性贷款的任务。同时，国有企业面临着债务软约束问题，削弱了债权人等利益者对会计稳健性的需求，从而降低了国有企业的稳健性。因此，国有上市公司与非国有上市公司相比，金融股权关联与会计稳健性在债务融资规模和债务融资成本中的替代关系更强，假设7-2得到验证。

表7-5　　　金融股权关联、会计稳健性与债务融资规模、债务融资成本的分组回归结果

一阶段回归：			二阶段回归：				
	国有	非国有		国有		非国有	
FC				LEV	COD	LEV	COD
PreSize	0.3160*** (17.6948)	0.4148*** (12.8185)	FCS	0.0998*** (2.9552)	-0.0659** (-1.9693)	0.0163 (0.3049)	-0.0782 (-1.2233)
PreROA	-0.2894 (-0.6225)	-0.7864 (-1.2663)	FCS × Cscore	-0.6685*** (-2.6857)	0.9355** (2.0386)	-1.7906*** (-3.4958)	1.9788** (2.0662)
PreGrowth	-0.0701* (-1.8934)	-0.1072** (-2.4671)	Cscore	0.2758*** (3.5051)	-0.1542 (-1.3962)	0.1783* (1.7271)	-0.2754 (-1.4830)
PreCash	-0.9561*** (-4.3876)	0.1763 (0.6010)	Size	0.2906*** (5.1296)	0.0033 (0.2039)	0.3375*** (4.1613)	0.0417*** (3.5309)
PreTobinQ	-0.0178 (-0.8341)	-0.0241 (-1.0768)	ROA	-1.2409*** (-11.7953)	-0.7852*** (-5.3266)	-0.5126*** (-3.5771)	-1.0659*** (-7.0986)
PreAge	-0.0015 (-0.3126)	0.0136** (2.2870)	Growth	0.0273*** (2.6318)	-0.0045 (-0.3279)	0.0020 (0.2062)	0.0046 (0.4367)
			Fixass	0.1839*** (5.9859)	-0.0481 (-1.0681)	0.1090** (1.9751)	0.1191** (2.0720)
			Intcov	-0.0001 (-0.5979)	0.0003 (1.6378)	-0.0002 (-1.1274)	-0.0000 (-0.3262)
			CF	0.2226 (0.7615)	-0.3055*** (-3.5639)	0.1735*** (2.6928)	-0.0860 (-1.3019)

续表

一阶段回归：			二阶段回归：				
FC	国有	非国有		国有		非国有	
				LEV	COD	LEV	COD
			Share	-0.0012***	-0.0011***	0.0022***	0.0013***
				(-4.0418)	(-2.7096)	(5.2328)	(2.8020)
			Age	-0.0009	0.0021	0.0068***	0.0005
				(-0.8420)	(1.3446)	(4.9508)	(0.3977)
Constant	-6.8940***	-8.0011***	Constant	0.4966***	0.3721	0.3157***	-0.7258***
	(-16.4633)	(-11.4603)		(11.4015)	(0.8238)	(6.5117)	(-2.6456)
IND	控制	控制	IND	控制	控制	控制	控制
Year	控制	控制	Year	控制	控制	控制	控制
			Wald chi²	621.1581	966.3799	323.9461	503.3413
			Prob > chi²	0.0000	0.0000	0.0000	0.0000
N	6100	3111	N	6100	6100	3111	3111

注：一阶段回归中括号内为 z 值，二阶段回归中括号内为经过异方差调整后的双尾检验 t 值；***、** 和 * 分别表示在 1%、5% 和 10% 水平上显著。

表 7-6 是基于货币政策的金融股权关联、会计稳健性与债务融资结构的回归结果。由表 7-6 前四列 FCS 和 FCS×Cscore 的估计系数可得，金融股权关联、会计稳健性与银行贷款规模、公司债券规模、商业信用规模都表现出显著的替代关系，然而三者的 FCS×Cscore 系数大小存在差异。经由 Chow 检验，银行贷款和公司债券、公司债券和商业信用两组的 P 值均为 0.0000，即在 1% 水平上显著。金融股权关联、会计稳健性与银行贷款成本、公司债券成本、商业信用成本同理，则假设 7-3 得到验证。具体而言，银行贷款是货币政策对经济实体产生重要影响的传导路径。紧缩的货币政策限制了银行贷款的规模以及贷款资源的配置，企业也可能由于资金不足产生债务违约。相对于货币政策宽松时期，货币政策紧缩时银行对企业的信贷资源配置尤为谨慎，例如，银行严格进行会计信息对信贷风险的识别和控制，高质量的会计信息在债务融资中传递的积极信号得以体现。会计稳健性向债权人传递了企业的财务状况、经营成果和现金流情况，这有助于企业获得债务融资。因此，在货币政策紧缩时，金融股权关联与会计稳健性在银行贷款中存在的替代关系更强。

表7-6　金融股权关联、会计稳健性与债务融资结构的回归结果

变量	Bank1	Bond1	TC1	Bank2	Bond2	TC2
FCS	0.0935*** (3.2151)	0.0638* (1.6976)	0.0138 (0.7629)	-2.9008*** (-3.1788)	-0.5240* (-1.7443)	-0.0307* (-1.7117)
FCS × Cscore	-0.6268** (-2.0051)	-0.3823** (-2.0686)	-0.3241* (-1.7045)	2.7696*** (2.7530)	1.2161** (2.1990)	0.6180*** (2.7506)
Cscore	0.0613 (1.4959)	0.5280*** (3.0699)	0.0016 (0.0666)	-2.9470*** (-4.3198)	1.6638 (0.4936)	0.0220 (0.8993)
Size	-0.0047 (-0.7080)	0.0241 (1.2115)	0.0029** (2.0381)	-1.2903*** (-2.6441)	0.0569 (0.0862)	-0.0038** (-2.3280)
ROA	-0.6594*** (-12.6527)	-0.3946*** (-2.9602)	-0.1054*** (-3.1537)	0.7249 (0.6312)	-9.7879** (-2.1960)	-0.0742* (-1.8194)
Growth	0.0077*** (3.3453)	-0.0085 (-1.1121)	-0.0021 (-1.0587)	-0.0211 (-0.4597)	0.2043 (1.6492)	0.0037 (1.3358)
Fixass	0.2244*** (16.7146)		-0.1635*** (-18.5781)	-0.3807 (-1.0010)		-0.1436*** (-11.3082)
Intcov	0.0001*** (2.9779)			-0.0005 (-0.4590)		
CF		-0.0830 (-1.2793)	0.1011*** (4.5165)		-4.2706*** (-2.9353)	-0.1302*** (-3.5873)
Share	0.0000 (0.1784)			-0.0065* (-1.8737)		
Bondsize					0.9864 (1.2007)	
MAT					3.0992*** (4.9381)	
Bondrate					1.4696* (1.9159)	
Put					-0.4673** (-2.0479)	
Age	0.0023*** (6.2326)	0.0003 (0.3576)	0.0023*** (3.5452)	-0.0627*** (-5.8652)	0.0019 (0.0838)	-0.0009*** (-3.3255)

续表

变量	Bank1	Bond1	TC1	Bank2	Bond2	TC2
State	-0.0013 (-0.2796)	-0.0002 (-0.0267)	0.0005 (0.1632)	-0.2216* (-1.8856)	-0.9330*** (-3.4924)	-0.0117*** (-2.8606)
Constant	0.1515*** (14.6618)	0.3974*** (9.0861)	-0.0391 (-1.3030)	7.2927*** (15.1093)	-0.7978 (-0.5414)	0.2800*** (7.0841)
IND	控制	控制	控制	控制	控制	控制
Year	控制	控制	控制	控制	控制	控制
Adj-R^2	0.2325	0.2780	0.4033	0.1871	0.4488	0.1315
F-Value	79.7249	19.8574	148.4633	5.8894	4.5760	24.6099
P值 (Chow检验)	0.0000***		0.0000***		0.0000***	0.0000***
N	4955	792	4876	1148	203	4915

注：***、**和*分别表示在1%、5%和10%水平上显著，括号内的值为t值。

7.4　稳健性检验

为了增加研究结论的稳健性，对解释变量和被解释变量分别运用不同的计量方法，进行了全面的稳健性检验。

（1）改变解释变量金融股权关联的度量方法。

按照第5章稳健性检验中金融股权关联的度量方法，运用持有金融机构股权比例超过5%的数据重新回归分析。用该方法计量的金融股权关联与会计稳健性对债务融资规模和债务融资成本进行验证，如表7-7所示。表中第四列FCS的回归系数在1%的统计水平上为正数，FCS×Cscore的系数在1%的水平上显著为负；第五列FCS的回归系数在5%的统计水平上为负数，FCS×Cscore的系数在5%的水平上显著为正。结果表明，会计稳健性水平越高，金融股权关联与债务融资规模的正相关关系、债务融资成本的负相关关系越弱，此检验结果与前面结论一致。

表 7-7 金融股权关联、会计稳健性与债务融资规模、债务融资成本的检验结果

一阶段回归:		二阶段回归:		
	FC		LEV	COD
PreSize	0.4281*** (23.9199)	FCS	0.1278*** (4.2089)	-0.0576** (-2.0618)
PreROA	-1.1232*** (-2.6798)	FCS × Cscore	-2.2317*** (-7.5381)	1.1415** (2.1682)
PreGrowth	-0.0563* (-1.8702)	Cscore	0.5866*** (7.8958)	-0.2056 (-1.5409)
PreCash	-0.4440** (-2.3561)	Size	0.2777*** (8.0370)	-0.0440*** (-3.4490)
PreTobinQ	0.0126 (0.7392)	ROA	-1.6648*** (-17.8689)	-0.3179** (-2.5081)
PreAge	0.0052 (1.3102)	Growth	0.0386*** (4.9927)	0.0134 (1.2790)
State	-0.1822*** (-4.4952)	Fixass	0.1331*** (4.4976)	-0.0420 (-1.2081)
		Intcov	-0.0001 (-0.5915)	0.0000 (0.1002)
		CF	0.2852 (1.4606)	-0.2439*** (-3.7998)
		Share	0.0000 (0.1754)	0.0005* (1.7070)
		Age	0.0019** (2.0876)	0.0002 (0.1519)
		State	0.0065 (0.6891)	-0.0137 (-1.0352)
Constant	-9.2668*** (-23.2276)	Constant	0.4613*** (12.5218)	1.2637*** (4.1544)
IND	控制	IND	控制	控制

续表

一阶段回归:		二阶段回归:		
	FC		LEV	COD
Year	控制	Year	控制	控制
		Wald chi^2	976.4408	968.9233
		Prob > chi^2	0.0000	0.0000
N	9211	N	9211	9211

注:一阶段回归中括号内为 z 值,二阶段回归中括号内为经过异方差调整后的双尾检验 t 值;***、**和*分别表示在1%、5%和10%水平上显著。

表7-8列示了金融股权关联、会计稳健性与债务融资规模、债务融资成本的分组检验结果,表中第五列国有上市公司 FCS 在1%的水平上显著为正,FCS×Cscore 在5%的水平上显著为负;非国有上市公司的交乘项显著,而 FCS 的估计系数不显著。表中第六列国有上市公司 FCS 在5%的水平上显著为负,FCS×Cscore 在10%的水平上显著为正;非国有上市公司的交乘项显著,而 FCS 的估计系数不显著,这些检验结果与前面结论一致。

表7-8　金融股权关联、会计稳健性与债务融资规模、债务融资成本的分组检验结果

一阶段回归:			二阶段回归:				
	国有	非国有		国有		非国有	
FC				LEV	COD	LEV	COD
PreSize	0.3617*** (19.4777)	0.5568*** (13.6608)	FCS	0.1002*** (3.1369)	-0.0953** (-2.3027)	0.0258 (0.5053)	-0.0821 (-1.3559)
PreROA	-0.4482 (-0.8936)	-1.8369** (-2.3589)	FCS×Cscore	-0.5945** (-2.4303)	1.0104* (1.7745)	-1.7605*** (-3.4836)	1.9254** (2.1255)
PreGrowth	-0.0508 (-1.2809)	-0.0566 (-1.2011)	Cscore	0.2733*** (3.4766)	-0.1986 (-1.4524)	0.1748* (1.6944)	-0.2528 (-1.4405)
PreCash	-0.9192*** (-4.1831)	0.2617 (0.8035)	Size	0.2907*** (5.1284)	-0.0000 (-0.0025)	0.3367*** (4.1604)	0.0417*** (3.5376)
PreTobinQ	0.0010 (0.0430)	0.0251 (0.9335)	ROA	-1.2383*** (-11.7685)	-0.8527*** (-4.6527)	-0.5143*** (-3.5871)	-1.0625*** (-7.0766)

续表

一阶段回归:			二阶段回归:				
	国有	非国有		国有		非国有	
FC				LEV	COD	LEV	COD
PreAge	0.0005 (0.1096)	0.0137** (2.0778)	Growth	0.0271*** (2.6116)	0.0012 (0.0674)	0.0022 (0.2244)	0.0045 (0.4336)
			Fixass	0.1843*** (6.0020)	-0.1053* (-1.8895)	0.1096** (1.9826)	0.1184** (2.0578)
			Intcov	-0.0001 (-0.6079)	0.0004** (1.9763)	-0.0002 (-1.1217)	-0.0000 (-0.3372)
			CF	0.2229 (0.7623)	-0.3254*** (-3.0340)	0.0690 (0.1802)	-0.0864 (-1.3079)
			Share	-0.0012*** (-4.0590)	-0.0007 (-1.4226)	0.0022*** (5.2209)	0.0013*** (2.8181)
			Age	-0.0009 (-0.8432)	0.0038* (1.9524)	0.0068*** (4.9396)	0.0006 (0.4154)
Constant	-8.7047*** (-20.2517)	-11.4092*** (-13.2360)	Constant	0.4934*** (11.3772)	0.5481 (0.9723)	0.3119*** (6.4426)	-0.7278*** (-2.6555)
IND	控制	控制	IND	控制	控制	控制	控制
Year	控制	控制	Year	控制	控制	控制	控制
			Wald chi^2	621.0530	637.6777	323.2475	503.8813
			Prob > chi^2	0.0000	0.0000	0.0000	0.0000
N	6100	3111	N	6100	6100	3111	3111

注：一阶段回归中括号内为 z 值，二阶段回归中括号内为经过异方差调整后的双尾检验 t 值；***、** 和 * 分别表示在 1%、5% 和 10% 水平上显著。

用该方法计量的金融股权关联对债务融资结构进行验证，如表 7-9 所示，此检验结果与前面结论基本一致。

表7-9　金融股权关联、会计稳健性与债务融资结构的检验结果

变量	Bank1	Bond1	TC1	Bank2	Bond2	TC2
FCS	0.0891*** (3.0921)	0.0648* (1.8048)	0.8220 (1.6236)	-2.8506*** (-3.1628)	-0.4886 (-1.6464)	-0.0293* (-1.6486)
FCS×Cscore	-0.5958* (-1.9160)	-0.3708** (-2.1104)	-0.3241* (-1.7045)	2.7139*** (2.7237)	1.1152** (2.1136)	0.6063*** (2.6937)
Cscore	0.0610 (1.4879)	0.4830*** (2.9158)	0.0016 (0.0666)	-2.9610*** (-4.3427)	1.3638 (0.3991)	0.0255 (1.0389)
Size	-0.0047 (-0.7008)	0.0233 (1.1725)	0.0029** (2.0381)	-1.2850*** (-2.6332)	0.1116 (0.1690)	-0.0038** (-2.3292)
ROA	-0.6590*** (-12.6446)	-0.3965*** (-2.9793)	-0.1054*** (-3.1537)	0.7456 (0.6491)	-9.7310** (-2.1808)	-0.0816** (-2.0037)
Growth	0.0077*** (3.3377)	-0.0082 (-1.0788)	-0.0021 (-1.0587)	-0.0216 (-0.4706)	0.2111* (1.6988)	0.0037 (1.3318)
Fixass	0.2245*** (16.7128)		-0.1635*** (-18.5781)	-0.3750 (-0.9860)		-0.1466*** (-11.0281)
Intcov	0.0001*** (2.9790)			-0.0005 (-0.4576)		
CF		-0.0807 (-1.2336)	0.1011*** (4.5165)		-4.3336*** (-2.9579)	-0.1086*** (-2.7130)
Share	0.0000 (0.1785)			-0.0065* (-1.8702)		
Bondsize					0.8347 (1.0176)	
MAT					3.0356*** (4.8183)	
Bondrate					1.4160* (1.8300)	
Put					-0.4315* (-1.8887)	
Age	0.0023*** (6.2493)	0.0003 (0.3067)	0.0023*** (3.5452)	-0.0628*** (-5.8743)	-0.0031 (-0.1376)	-0.0009*** (-3.3695)

续表

变量	Bank1	Bond1	TC1	Bank2	Bond2	TC2
State	-0.0012 (-0.2626)	-0.0006 (-0.0672)	0.0005 (0.1632)	-0.2231* (-1.8988)	-0.9298*** (-3.4768)	-0.0117*** (-2.8430)
Constant	0.1516*** (14.6707)	0.3979*** (9.1038)	-0.0391 (-1.3030)	7.2700*** (15.0621)	-0.6759 (-0.4562)	0.2811*** (7.1075)
IND	控制	控制	控制	控制	控制	控制
Year	控制	控制	控制	控制	控制	控制
Adj-R^2	0.2324	0.2772	0.4033	0.1870	0.4477	0.1315
F-Value	79.5792	19.3606	148.4633	5.8870	4.5593	24.5944
P 值 (Chow 检验)	0.0000***		0.0000***		0.0000***	0.0000***
N	4955	792	4876	1148	203	4915

注：***、**和*分别表示在1%、5%和10%水平上显著，括号内的值为t值。

（2）改变被解释变量债务融资成本的度量方法。

参考李广子和刘力（2009）的研究，选取多个度量指标对债务融资成本进行衡量。①利息费用类指标：债务融资成本 COD = 利息支出/总负债，在前面已经用作衡量被解释变量；②净财务费用类指标：债务融资成本 COD1 = （利息支出 + 手续费 + 其他财务费用）/总负债；③期间费用类指标：债务融资成本 COD2 = 财务费用/（销售费用 + 管理费用 + 财务费用），债务融资成本 COD3 = （利息支出 + 手续费 + 其他财务费用）/（销售费用 + 管理费用 + 财务费用）。采用以上三种度量方法对金融股权关联、会计稳健性与债务融资成本重新进行实证检验，如表7-10所示。表中第四列、第五列和第六列FCS的估计系数显著为负，FCS×Cscore的估计系数显著为正，表明金融股权关联与会计稳健性在债务融资成本中存在替代关系，实证结果保持稳定。

表7-10 金融股权关联、会计稳健性与债务融资成本的检验结果

一阶段回归： FC		二阶段回归：			
			COD1	COD2	COD3
PreSize	0.3819*** (23.1966)	FCS	-0.0035* (-1.8176)	-0.0039** (-1.9655)	-0.0595** (-2.3353)
PreROA	-0.6832 (-1.8164)	FCS × Cscore	0.0589** (2.0904)	0.0613** (2.1353)	1.1164*** (3.0308)

续表

一阶段回归: FC		二阶段回归:	COD1	COD2	COD3
PreGrowth	-0.0833** (-3.0090)	Cscore	-0.0269*** (-4.4046)	-0.0237*** (-3.7955)	-0.2323*** (-2.8866)
PreCash	-0.5115** (-2.9901)	Size	-0.0035*** (-3.5173)	-0.0034*** (-3.3203)	0.0423*** (3.3027)
PreTobinQ	0.0084 (0.5589)	ROA	-0.0480*** (-5.7136)	-0.0451*** (-5.2800)	-0.7929*** (-7.2894)
PreAge	0.0065 (1.7739)	Growth	0.0000 (0.0335)	-0.0001 (-0.2175)	-0.0087 (-0.9085)
State	-0.0978** (-2.6625)	Fixass	0.0065** (2.3749)	0.0072** (2.5698)	0.0601* (1.6620)
		Intcov	0.0000* (1.8933)	0.0000 (1.6233)	0.0001 (0.8362)
		CF	-0.0111*** (-2.6008)	-0.0108** (-2.5007)	-0.4472*** (-8.3054)
		Share	-0.0001** (-2.3178)	-0.0000* (-1.8733)	-0.0003 (-0.9610)
		Age	0.0000 (0.2958)	0.0001 (0.7181)	0.0043*** (3.9858)
		State	-0.0042*** (-4.1871)	-0.0044*** (-4.3553)	-0.0493*** (-3.9318)
Constant	-7.8907*** (-21.5546)	Constant	0.1210*** (4.8018)	0.1165*** (4.5704)	-0.7824** (-2.4375)
IND	控制	IND	控制	控制	控制
Year	控制	Year	控制	控制	控制
		Wald chi^2	690.1071	684.2431	1393.9855
		Prob > chi^2	0.0000	0.0000	0.0000
N	9211	N	9211	9211	9211

注:一阶段回归中括号内为 z 值,二阶段回归中括号内为经过异方差调整后的双尾检验 t 值;***、**和*分别表示在1%、5%和10%水平上显著。

(3) 其他稳健性检验。

为了控制异方差和序列相关问题,对所有估计系数的标准误进行了 Cluster

处理。此外，实证模型中主要解释变量 VIF 值都小于 5，均值也小于 3，表明模型没有严重的共线性问题。

7.5 本章小结

金融股权关联和会计稳健性作为学者讨论的热点话题，两者分别与企业债务融资之间的关系得到了研究。然而，可能没有学者探讨金融股权关联与会计稳健性对债务融资的交互效应，两者之间既可能存在互补效应，也可能存在替代效应。企业实践中将会同时运用多种机制进行债务融资，而任何一种机制的影响都是有限的，通常呈现出边际作用递减的特点。对企业而言，如何选择不同的配置机制是十分重要的决策问题，因此金融股权关联与会计稳健性交互效应的研究为企业实践提供了指引。

一方面，金融股权关联的构建能为企业带来丰富的金融资源。金融股权关联是一种有效沟通机制，关联关系作为企业与外部投资者沟通的途径，有助于金融机构掌握企业真实的运营信息，提高了企业的债务融资水平。另一方面，会计稳健性可以保证债务契约的有效执行。债权人为了尽可能降低风险，通过企业稳健的会计政策确保资金的安全性。若企业出现资不抵债的情况，会计稳健性能使债权人及早发现问题并采取措施，使其损失降到最低。当企业的金融股权关联程度较强时，金融机构为企业债务提供了隐性担保，债权人监管企业经营业绩的动机较弱，对会计稳健性的需求较低；当企业的金融股权关联程度较弱时，债权人必然要求企业的会计信息具有较高的稳健性，保证自身的合法权益。基于以上分析，金融股权关联与会计稳健性在债务融资中存在替代关系。

结合我国特殊的产权制度，分别探究金融股权关联和会计稳健性两者的替代效应是否会因为产权性质的差异而有所不同。本章研究发现，与非国有企业相比，国有企业更易同金融机构建立股权关系，并且对会计稳健性的需求相对较少，则金融股权关联代替会计稳健性提高了债务融资规模和降低了债务融资成本，即国有企业的金融股权关联与会计稳健性在债务融资中存在的替代关系更强。宏观政策产生的微观效应受到理论界的广泛关注，以我国的货币政策对企业债务融资的影响作为制度背景，从债务融资结构方面研究金融股权关联与会计稳健性的替代关系，也间接探讨了货币政策的信贷传导机制，这显然具有重要的理论意义和现实价值。企业通过会计稳健性传递企业积极的信号增加了银行贷款的规模和减少了银行贷款的成本，也有效缓解企业和债权人的信息不对称问题，则降低了对金融股权关联的依赖。因此，在货币政策紧缩时，相比公司债券和商业信用，金融股权关联与会计稳健性在银行贷款中存在的替代关系更强。

第 8 章

结论与展望

本章通过对前面制度背景、理论剖析和实证检验等方面进行归纳概括，总结出主要的研究结论，并且根据研究结论提出金融股权关联、会计稳健性与债务融资的相关政策建议。在深入探讨研究不足的基础上指出以后的研究目标，为未来的研究方向指明道路。

8.1 研究结论

基于我国"新兴+转轨"时期的资本市场制度背景，以契约理论、信息不对称理论、委托代理理论、信号传递理论和社会资本理论作为理论基础，从金融股权关联和会计稳健性的视角研究企业债务融资的规模、成本和结构。运用规范研究和实证研究结合的方法，依据"文献梳理——制度背景——机理分析——实证检验"的逻辑路径进行探究。本书得出以下主要研究结论：

（1）出于获得外部金融资源的经济动机，构建金融股权关联是企业的理性选择，这对于"关系至上"的中国企业更是如此。从公司治理角度来说，金融股权关联高于市场和企业的组织形态，是一种对正式制度有效补充的非正式制度。金融股权关联拥有镶嵌于社会与文化等制度框架的特性，逐渐成为企业拓展外部发展空间以及提升核心竞争力的重要平台（Campello et al., 2011）。作为企业债务融资的交流途径，金融股权关联不但能够联结企业与金融机构的信息沟通与资源配置，还削弱了外部市场"失灵"时产生的冲击，因而直接影响企业的债务融资规模、成本和结构。金融股权关联作用于债务融资的内在逻辑主要有两个方面：一方面，建立在合作与信任基础上的金融股权关联为企业带来丰富的金融资源，也减少了其他显性与隐性成本，从而拓宽了债务融资渠道；另一方面，作为企业社会声誉的金融股权关联向外部利益相关者传递了一种积极信号，有利于缓解信息不对称问题以及提高债务融资水平。研究表明，金融股权关联程度越高，企业获得的债务融资规模越大和债务融资成本越低。虽然金融股权关联分别对银行贷款、公司债券和商业信用具有显著的影响，但是金融机构、债券投资者和供应商作为不同性质的外部投资者，其在债权治理效果、获取资源信息能力和防范信息风险等层面存在差异，对金融股权关联的关注程度和依赖程度也不同。研究表明，金融股权关联对债务融资结构的影响存在异质性，即金融股权关联对银行贷款、公司债券、商业信用规模和成本的影响程度逐渐递减。

（2）会计稳健性是由于外部债权人的约束形成的（Watts，2003），通过研究企业会计稳健性对债务融资的影响有助于理解会计稳健性如何影响债权人的信贷行为。从契约观点来看，稳健性原则作为有效的契约机制可以降低企业违约的可能性，进而保护债权人的利益。由于对经济损失的尽早确认，会计稳健性使债权人及时获取企业经营风险与违约信号，削弱债权人与企业的信息不对称程度，有助于债权人迅速地做出相应的决策规避风险（Zhang，2008）。会计稳健性不但是一项重要的会计信息质量特征，还是一种有效的公司治理机制。会计稳健性较为严格的收入确认条件限制了管理层对盈余的操纵空间，进一步规避了债权人的借贷风险，从而企业的债务融资水平提高。研究认为，会计稳健性越强，企业获得的债务融资规模越大和债务融资成本越低。不同的债务融资方式对会计信息敏感度不同，银行贷款对信息的敏感度小于公司债券，即会计稳健性对银行贷款的重要性弱于公司债券。商业信用形成的信任关系增加了交易双方的信息透明度，这种信息优势是银行信贷和公司债券无法比拟的。因此，会计稳健性对债务融资结构的影响存在异质性，即会计稳健性对公司债券、银行贷款、商业信用规模和成本的影响程度逐渐递减。此外，已有文献主要对会计稳健性的契约与治理功能进行了重点考察，然而分别检验条件稳健性和非条件稳健性对企业债务融资影响的研究有待丰富。将会计稳健性具体分成条件稳健性和非条件稳健性，从理论分析与实证检验方面深层次验证了条件稳健性和非条件稳健性对企业债务融资影响的异质性。研究表明，相比非条件稳健性，条件稳健性的增强更有助于企业获得较大的债务融资规模和较低的债务融资成本。

（3）作为非正式制度的金融股权关联和正式制度的会计稳健性分别对企

业债务融资产生积极作用,将两者纳入同一研究模型中,考察金融股权关联和会计稳健性对债务融资的交互影响。从资源层面,金融股权关联通过资源效应的发挥降低企业的还款风险;声誉机制迫使企业支付高昂的违约成本,这使债权人对会计稳健性的依赖减弱。从成本层面,企业和金融机构密切关系的维护需要一定成本,也需要具有资质的专业人员进行沟通与交流,但会计稳健性的治理机制可以降低企业由搭建金融桥梁产生的成本。低成本且高效率的会计稳健性向债权人传递着积极的信号,削弱了企业债务融资过程中对金融股权关联的依赖程度,即债权人对金融股权关联要求降低。根据以上分析可得,金融股权关联与会计稳健性在债务融资中存在替代关系,即会计稳健性水平越高,金融股权关联与债务融资规模的正相关关系、债务融资成本的负相关关系越弱。

(4)产权性质是影响企业进行债务融资活动的关键因素之一,我国债务市场普遍存在金融机构偏好国有企业的信贷歧视现象。虽然金融体系改革削弱了政府对金融机构资金投放的直接干预,但我国商业银行大多数为国有银行,政府对商业银行依然具有重要的间接影响(万良勇等,2015)。一方面,与非国有企业相比,金融机构更易获取国有企业的会计信息,并且信用评价成本也更低;另一方面,国有企业的债务违约风险较低,倘若国有企业陷入财务困境,政府基于社会声誉和稳定的目的将帮助国有企业渡过难关。因此,金融机构出于自身债务风险的考虑,倾向于将金融资源分配给国有企业。债务契约执行中,由于国有企业本身的产权性质具有隐性担保作用,则债权人等利益相关者降低对会计稳健性的需求。此外,国有企业的所有者缺位以及委托人监督无效等问题滋生了管理层的盈余操纵,从而损害国有企业的会计稳健性。综上所述,与非国有企业相比,国有企业更易同金融机构建立股权关系,并且对会计稳健性的需求相对较少,即国有企业的金融股权关联与会计稳健性在债务融资中存在的替代关系更强。

货币政策是政府干预与调节宏观经济的重要手段,货币政策的波动使企业的债务融资市场环境随之改变。具体而言,当货币政策由宽松转变为紧缩时,外部环境的不确定性导致企业融资困难增加。在货币紧缩的情况下,企业虽已与金融机构构建股权关系,也难以取得较大的债务融资规模和较低的债务融资成本,很可能寻求其他替代机制以此满足生产经营需要。此时,企业通过披露稳健的财务报告能够向债权人传递积极的信号,则提高银根紧缩时期的贷款可获得性。债权人最关心的并非企业资产的增值能力，而是企业最困难的情况下的偿还能力，会计稳健性的非对称确认标准正符合债权人的要求。因此，在货币政策紧缩时，相比公司债券和商业信用，金融股权关联与会计稳健性在银行贷款中存在的替代关系更强。

8.2 政策建议

根据本书的主要研究结论，发现以下几个方面的重要启示，为资本市场参与者与政策制定者提供参考价值。

（1）规范非正式制度金融股权关联，强化对金融股权关联的监管。

①政府应循序渐进地引导实体企业打开金融市场的大门，倡导符合条件的企业持股或者建立金融机构，通过增加企业的财务弹性空间以及优化企业债务资金配置弥补市场经济转型阶段我国正式制度的不足。金融股权关联的实质是将外部资本市场内在化，通过降低融资过程中的信息不对称和交易费用，发挥企业与金融机构的协同效应（万良勇等，2015）。在政府相关部门的鼓励与支持下，企业从最初持股银行，到后来加快步伐进军证券、保险和信托等金融领域。然而，金融股权关联是一把"双刃剑"，可能蕴藏着巨大的经营风险。例如，1998年东亚爆发金融危机的主要原因是金融机构以裙带关系为导向而非市场规则为导向，从而企业的信贷资源发生错误配置。金融股权关联的推进与发展以法律法规为基础，则政府相关部门应该尽快完善金融股权关联的法律法规体系。除了现有法律法规的设定条件，管理当局更加需要严格审批，修改与健全法律法规能够为金融股权关联创造良好的法律环境。

②监管部门不能放松金融管制，涉及企业与金融机构的关联交易严格监控，必要时设置防火墙体系。以取得债务融资便利为需求的金融股权关联蕴藏着内部交易风险，一些企业涉足金融行业仅将目光放于缓解"资金饥渴"，以金融机构股东地位容易得到贷款以及用股权作为抵押扩充企业的现金流。倘若实施不到位或监管不严格，关联金融机构可能成为实体企业的"提款机"。错综复杂的股权关联以及数额庞大的内部交易加大了金融市场风险，这一问题在信息披露制度不完善的情况下更加突出。为规避金融股权关联带来的风险，政府相关部门应该有针对性地加大监管力度。根据"分业经营与分业监管"的

原则，目前我国金融监管部门主要包括中国人民银行、银保监会、证监会等。各个金融监管部门必须秉承安全和稳健的经营原则，对企业涉及的金融业务进行重点监管，并且按照不同业务的特性和风险审慎对待，从而降低企业金融业务的经营风险。

(2) 发挥金融股权关联的作用，实现实体企业与金融资本融合。

目前我国的实体企业与金融资本融合仍处于初级阶段，但发展势头较为强劲。处于传统行业的企业遭受市场饱和甚至是过剩的行业因素影响，企业资金的投资回报率无法保证，此时金融股权关联促使企业资金运用多元化以及业务结构升级转型，不失为企业进行债务融资的有效方式。具体而言，企业与金融机构建立金融桥梁时着重考虑以下方面：

①根据企业实际情况制订金融股权关联规划。当企业寻求金融资本时，应该依据自身实际情况设计金融股权关联的规划，必须认识到操纵债务融资的短视行为是低层次的金融股权关联，掌握产品经营与资本经营的本质关系对企业长远发展是必要的。金融行业只是实体企业发展的助推器而非必需品，这要求企业按照其总体战略部署，充分考虑自身发展状况和金融市场实际情况，进而决定是否持股金融机构以及具体的范围和时机等。

②提高金融股权关联程度以实现实体企业与金融资本的实质性结合。金融股权关联程度低的企业难以对金融机构执行融资决策的参与权与控制权，则无法通过整合金融资源达到实体企业与金融资本的良性互动（蔺元，2010）。企业只为追求短期经济效益必将面临巨大的潜在金融风险，最终可能危及企业的主营业务。企业应该以主业为前提，对金融股权关联策略进行缜密计划和整合管理后，才能确保金融股权关联的实施，从而帮助企业完成宏观的战略目标。企业应该重视金融行业的高风险特性，同时加强自身的风险识别、管控和应对能力。金融股权关联对于企业而言，不仅能够形成债务融资协同效应，还有助于企业拓展商业模式创新和治理机制创新等领域，这样实体企业和金融机构才能真正实现多方面的有机融合。

③结合企业主营业务发挥协同效应。一方面，重点发展实体企业的核心业务。实体企业的本质属性是通过实际的产业工作提供专门的产品和服务，金融资本从属于产业资本，则企业应该以实业为主导。金融业务仅是企业发展所需的资金依托，为企业提供金融服务是根本目的。企业应该聚集有限资源拓展与主导产业相关的金融业务，杜绝由经营范围盲目扩张带来的主营业务减少的情

况，避免造成金融资源配置效率低下甚至资源浪费。另一方面，充分发挥金融资本与实体企业的协同效应。通过增强主营业务与金融业务的关联性促进两者有机融合，实现信息互动与利益互惠。高层次的金融股权关联以金融资本为手段推动产业资本的发展，而后以实体产业发展反作用金融业务深化与升华，从而增加产业规模、效益扩张以及提高产业竞争力。

（3）重视会计稳健性的作用并且完善信息披露制度，全面提高企业的会计信息质量。

①企业层面。一方面应该加强会计稳健性原则，积极响应会计准则的要求并且充分运用会计稳健性。提高会计信息质量使债权人掌握企业的生产经营活动，这样债权人的信贷决策以充分的会计信息为基础，降低了由债务融资带来的市场风险，从而企业能够获得大量的资金支持。另一方面，应该掌握稳健性原则运用的适合程度，坚决杜绝将其作为盈余操纵的工具。

②政府层面。首先，政府相关部门应该在坚持稳健性原则的基础上，具体分类会计稳健性的运用标准，同时制订奖罚分明的激励机制，真正发挥会计稳健性对企业债务融资的优化配置作用。其次，证券市场监管者必须加大对企业会计信息披露质量的监管力度，通过加强信息披露质量的考评规则保护债权人等相关者的利益，最终实现对企业的激励与督促作用机制。现阶段，我国相关的法律法规不健全难以保护债权人的合法利益，同时公司治理结构的不完善导致债权人的风险不断增加。因此，在推进市场化进程与深入金融体制改革中，政府相关部门应该加快法律制度的建设以及提高执法能力，切实保证债权人等利益相关者的权益。

③市场层面。资本市场的良性发展要以保护投资者的利益为基础。资本市场的信息不对称不但降低了资源的配置效率，还减小了投资者的回报率。会计稳健性是会计信息质量的主要特征之一，其在会计确认与计量时采取谨慎的原则，不高估资产和收益并且不低估负债和费用，有助于缓解企业内外部的信息不对称，降低交易双方的成本费用，进而保护投资者的合法权益（Watts，2003）。

（4）加快产权制度改革，改善预算软约束环境。

①产权性质方面。国有企业担负政策性任务，可能要求政府给予债务融资等便利与优惠，这样在经济转型阶段政府为国有企业的债务融资行为提供了隐性担保。由于国有企业的"独特优势"扭曲了市场要素资源分配，产权性质

对金融股权关联和会计稳健性在债务融资中的替代关系具有重要影响。减少政府干预完善市场化的资源配置机制正是我国金融市场改革和宏观政策调控的迫切所在。一方面，政府应该减少在债务市场的隐性担保作用，通过完善相关法律法规来规范市场秩序，进而提升资本市场的运行与功能效率。金融机构必须摘掉"有色眼镜"以及降低对非国有企业的债务融资歧视，这样不仅满足了非国有企业的资金需求，还促进了国有企业与非国有企业的公平竞争（方红星等，2013）。另一方面，政府对国有企业与国有商业银行执行的双重预算软约束引发了杠杆治理扭曲问题，通过健全市场机制硬化预算约束，从而促使企业的资源达到帕累托最优。政府当局应该加快企业和银行的产权制度改革，继续改变国有企业的预算软约束环境，同时强化银行对国有企业信用贷款的风险防范，通过降低不良贷款损失规避金融市场风险。此外，政府需要构建风险分担机制。虽然风险识别和风险承担属于投资者，但信息披露和风险提醒可交移中介服务机构，从社会层面阻止由于政府隐性担保带来的道德风险，从而提高资源配置效率。

②鼓励和支持非国有企业构建金融股权关联，有利于促进非国有市场经济发展。已有文献表明，相对于国有企业，非国有企业建立金融股权关联对债务融资更具有现实意义。非国有经济在整个国民经济中的比例呈上升态势，并且非国有企业对我国GDP的贡献率已经占据半壁江山，然而非国有经济的发展依然存在制约因素。虽然政府多次提到对非国有企业的金融资源支持，但是金融机构对于非国有企业存在"信贷歧视"。在这种背景下，政府相关部门应该制订切实可行的政策规定，用实际行动召唤非国有企业参股甚至控股金融机构，有利于非国有企业发展成为国民经济的支撑力量。近年来，政府出台了继续推进非国有企业持股金融机构的一系列重要举措。面对金融风险上升的情况下，监管部门通过严格把控非国有企业的准入门槛，2016年底银监会批复了12家民营银行的筹建工作。完善的金融政策为市场经济的健康持续发展注入新鲜血液，进一步推动了非国有企业的稳健成长。

(5) 优化企业的债务融资结构，促进金融市场全面发展。

①加强金融机构的商业化改革，发挥银行贷款在债务融资中的作用。当前，我国企业普遍存在以关系和声誉等替代机制缓解融资约束问题，政府相关部门应当完善金融机制以及法律体系的建设。我国经济正处于结构调整和转型的重要阶段，银行贷款在债务融资中依然居于主导地位。大部分企业存在

"融资难"和"融资贵"问题，阻碍了企业加快进行结构调整和转型升级的脚步，则优化银行信贷资源配置迫在眉睫。

②积极发展债券市场。贯彻和落实"十二五"规划，全力支持债券市场的健康发展，管理当局尽快健全债券市场的定价机制，有助于补充企业债务融资方式。一方面，政府应当提高公司债券的市场化程度，通过会计稳健性的信号传递功能增强市场信息透明度，激发企业进行债券融资的热情，这对于促进债券市场的良性发展以及拓宽企业的债务融资途径具有重要意义。管理当局需要加快债券发行企业信用体系的建设以及提高管理当局执行效率，并且依据市场所需标准健全债券市场的法律法规和奖罚机制。另一方面，企业应该规范与完善会计信息披露，利用债券市场直接进行债券融资，有助于推动企业债务融资方式的建设，从而降低债务融资成本以及优化债务融资结构。

③强调商业信用的融资地位。目前我国的金融体系以商业银行为主体，商业信用在企业债务融资中发挥的重要作用不容置疑。鉴于我国现阶段的市场经济体制，相关部门应对商业信用拟订社会信用体系等正式制度的保障机制，虽然非正式制度功不可没，但建立正式制度才是让市场长期有效运行的关键所在。随着市场化机制的不断完善，通过构建透明完整的信用体系能够有效降低企业的债务融资成本。此外，政府应该加快金融市场改革，提高信贷资源分配的市场性、透明性和安全性，有助于企业发挥商业信用的经营性功能，反过来，商业信用的替代性融资作用能够促进信贷资源的再分配，从而实现我国国民经济的长期稳定发展。

8.3 研究局限与未来展望

本书结合我国制度背景，深入探讨了金融股权关联与会计稳健性对债务融资的影响。然而，由于主观水平和客观条件所限，书中的理论剖析和实证方法仍然存在局限，这也为未来的研究指明方向与奠定基础。

（1）研究样本的范围不全面。一方面，书中的研究样本只包括沪深两市A股主板上市公司，未包含中小板及创业板，则研究样本选择存在一定局限性。依据有关文献，金融股权关联对中小板及创业板的债务融资影响可能更加显著。另一方面，鉴于非上市公司数据难以获得，本书只是考察了上市公司持有金融机构股权,没有涉及全部企业的金融机构投资。因此,以后的研究需要弥补数据方面的缺陷,可将研究样本扩充至全部上市公司,再进行对比分析各组样本的作用机制与实证检验是否存在差异,进一步完善乃至修正研究结论。

(2)研究样本有待具体细化。首先,虽然理论分析阐明了金融股权关联对企业债务融资的影响,但企业外部债务融资的会计信息披露较少,没有具体披露其金融资源来自哪家银行,这样难以判断企业有多少债务融资是因为持股金融机构所得,导致无法判别企业外部债务融资的提高是否源于金融股权关联,从而使金融股权关联对企业信贷配置影响的结论存在一定局限性。由于缺少企业从金融机构取得的详细金融资源往来,本书从侧面检验了企业持股金融机构对债务融资水平方面的作用,无法全面证实金融股权关联对企业债务融资的影响。在未来的研究中,若从企业或者金融机构获取详细数据,能为研究结论提供更加直接的证据。其次,上市金融机构信息披露以及关联方交易的监管较为严格,而非上市金融机构相对容易通过规避经济政策监管形成关联交易与资金供给。由于上市与非上市金融机构的监管具有差异性,为企业提供资金等金融资源方面也可能存在差异。为了消除监管因素对书中研究结论的影响,今后的研究可将全部样本具体分为上市金融机构股权数据和非上市金融机构股权数据,通过对比分析分组检验结果以此判断监管因素对于企业债务融资是否具有实质性的影响。

(3)权衡会计稳健性的成本与效益。对于企业而言,稳健的会计信息披露是具有成本的,出于成本与效益的综合考虑,企业将在执行会计稳健性的成本与效益两者之间做出科学合理的平衡。何种程度的会计稳健性是企业成本与效益的最优解,这是会计理论和实证检验值得考察的难点问题。

(4)会计稳健性计量方法的问题。会计稳健性的计量方法是实证研究中最困难的一部分,不同的计量方法可能造成研究结论出现偏差。学者对稳健性度量方法的讨论经历了二十年的沉淀,众多的计量方法尚未达成一致,并且会计稳健性的计量方法一般以发达的资本市场为制度背景,同时运用国外的模型和指标进行计量。面对我国转型资本市场的现实情况,应该重新审视会计稳健性计量方法的适用性。按照我国的制度环境以及企业的经营特点度量的会计稳健性方法,才能准确合理地检验研究结论。根据会计稳健性的确认标准不同,将稳健性具体分为条件稳健性与非条件稳健性,学者对于两类稳健性的精确计量方法没有形成统一的研究结论。现有文献很少将条件稳健性与非条件稳健性纳入同一研究理论与实证模型中，书中试着探讨非条件稳健性对条件稳健性的先占影响，然而，不同稳健性的作用机理和实证检验缺少更为深入的剖析。在考察条件稳健性对债务融资的作用时，控制好条件稳健性和非条件稳健性的负相关关系尤为重要，这样才能客观真实地反映会计稳健性的变化规律，从而提高研究结论的深度与广度。上述剖析的不足之处将在后续的研究中继续完善。

参考文献

[1] 巴曙松,刘孝红,牛播坤.转型时期中国金融体系中的地方治理与银行改革的互动研究[J].金融研究,2005(5):25-36.

[2] 白俊,连立帅.信贷资金配置差异:所有制歧视抑或禀赋差异?[J].管理世界,2012(6):30-42.

[3] 白钦先,谭庆华.论金融功能演进与金融发展[J].金融研究,2006(7):41-52.

[4] 边燕杰,丘海雄.企业的社会资本及功效[J].中国社会科学,2000(2):87-99.

[5] 曹宇,李琳,孙铮.公司控制权对会计盈余稳健性影响的实证研究[J].经济管理,2005(14):34-42.

[6] 陈超,李镕伊.债券融资成本与债券契约条款设计[J].金融研究,2014(1):44-57.

[7] 陈栋,陈运森.银行股权关联、货币政策变更与上市公司现金管理[J].金融研究,2012(12):122-136.

[8] 陈栋,翟进步,陈运森.参股保险业与企业流动性风险管理:基于货币政策变更背景[J].保险研究,2012(2):80-88.

[9] 陈国辉,孙莉儒,孙剑.环境不确定性、高管权力与权益资本成本[J].财经问题研究,2017(6):79-85.

[10] 陈汉文,周中胜.内部控制质量与企业债务融资成本[J].南开管理评论,2014(3):103-111.

[11] 陈键.银企关系与信贷可获得性、贷款成本——基于2003年NSSBF调查的实证分析[J].财贸经济,2008(1):86-93.

[12] 陈圣飞,张忠寿,王烨.会计稳健性研究的理论回顾与展望——基于契约观和信息观的视角[J].会计研究,2011(4):35-42.

[13] 陈仕华, 马超. 高管金融联结背景的企业贷款融资: 由 A 股非金融类上市公司观察 [J]. 改革, 2013 (4): 111-119.

[14] 陈旭东, 黄登仕. 公司治理与会计稳健性——基于上市公司的实证研究 [J]. 证券市场导报, 2007 (3): 10-17.

[15] 陈旭东. 新会计准则环境下传统利润操纵方法的命运分析 [J]. 云南财经大学学报, 2006, 22 (5): 88-32.

[16] 陈艳艳, 谭燕, 谭劲松. 政治联系与会计稳健性 [J]. 南开管理评论, 2013 (16): 33-40.

[17] 陈运森, 李培馨, 陈栋. 银行股权关联、融资约束与资本投资行为 [J]. 中国会计评论, 2015 (6): 205-228.

[18] 陈运森, 王玉涛. 审计质量、交易成本与商业信用模式 [J]. 审计研究, 2010 (6): 77-85.

[19] 陈运森. 社会网络与商业信用: 基于"结构洞"位置的证据 [J]. 中国会计与财务研究, 2015, 17 (1): 73-143.

[20] 戴璐, 汤谷良. 长期"双高"现象之谜: 债务融资、制度环境与大股东特征的影响——基于上海科技与东盛科技的案例分析 [J]. 管理世界, 2007 (8): 129-139.

[21] 邓建平, 曾勇. 金融关联能否缓解民营企业的融资约束?[J]. 金融研究, 2011 (8): 78-92.

[22] 邓建平, 曾勇. 金融生态环境、银行关联与债务融资——基于我国民营企业的实证研究 [J]. 会计研究, 2011 (12): 33-39.

[23] 邓建平. 银行关联、会计信息与债务融资——基于我国民营企业的实证研究 [J]. 会计与经济研究, 2014 (1): 3-14.

[24] 杜兴强, 杜颖洁. 会计准则、公允价值与会计稳健性——基于1998-2008 年中国资本市场上市公司的经验证据 [J]. 天津商业大学学报, 2010, 30 (2): 9-15.

[25] 方红星, 施继坤, 张广宝. 产权性质、信息质量与公司债定价——来自中国资本市场的经验证据 [J]. 金融研究, 2013 (4): 170-182.

[26] 何韧, 刘兵勇, 王婧婧. 银企关系、制度环境与中小微企业信贷可得性 [J]. 金融研究, 2012 (11): 103-115.

[27] 何贤杰, 朱红军, 陈信元. 政府的多重利益驱动与银行的信贷行为

[J]. 金融研究, 2008 (6): 1-20.

[28] 胡奕明, 唐松莲. 审计、信息透明度与银行贷款利率 [J]. 审计研究, 2007 (6): 74-84.

[29] 胡奕明, 谢诗蕾. 银行监督效应与贷款定价 [J]. 管理世界, 2005 (5): 27-36.

[30] 胡泽, 夏新平, 余明桂. 金融发展、流动性与商业信用: 基于全球金融危机的实证研究 [J]. 南开管理评论, 2013 (3): 4-15.

[31] 黄小琳, 朱松, 陈关亭. 持股金融机构对企业负债融资与债务结构的影响——基于上市公司的实证研究 [J]. 金融研究, 2015 (12): 130-144.

[32] 江伟, 李斌. 制度环境、国有产权与银行差别贷款 [J]. 金融研究, 2006 (11): 116-126.

[33] 姜付秀, 屈耀辉, 陆正飞, 等. 产品市场竞争与资本结构动态调整 [J]. 经济研究, 2008 (4): 99-110.

[34] 蒋水全, 刘星, 王雷. 金融关联、融资优势与投资效率——基于融资中介效应的实证考察 [J]. 金融经济学研究, 2017 (2): 52-64.

[35] 蒋琰. 权益成本, 债务成本与公司治理: 影响差异性研究 [J]. 管理世界, 2009 (11): 144-155.

[36] 黎来芳, 张伟华, 陆琪睿. 会计信息质量对民营企业债务融资方式的影响研究——基于货币政策的视角 [J]. 会计研究, 2018 (4): 66-72.

[37] 李广子, 刘力. 债务融资成本与民营信贷歧视 [J]. 金融研究, 2009 (12): 137-150.

[38] 李连发, 辛晓岱. 银行信贷、经济周期与货币政策调控: 1984-2011 [J]. 经济研究, 2012 (3): 102-114.

[39] 李琳. 基于我国资本市场的会计稳健性与债务资本成本关系研究 [J]. 武汉科技大学学报 (社会科学版), 2010, 12 (4): 68-73.

[40] 李宁. 制度环境、终极控制与债务融资行为研究 [D]. 重庆: 重庆大学, 2017.

[41] 李维安, 邱艾超, 阎大颖. 企业政治关系研究脉络梳理与未来展望 [J]. 外国经济与管理, 2010 (5): 48-54.

[42] 李心合, 王亚星, 叶玲. 债务异质性假说与资本结构选择理论的新解释 [J]. 会计研究, 2014 (12): 3-10.

[43] 李远鹏,李若山. 是会计盈余稳健性,还是利润操纵——来自中国上市公司的经验证据 [J]. 中国会计与财务研究, 2005, 7 (3): 1-56.

[44] 李增泉,卢文彬. 会计盈余的稳健性: 发现与启示 [J]. 会计研究, 2003 (2): 19-27.

[45] 李争光,曹丰,赵西卜,等. 机构投资者异质性、会计稳健性与债务资本成本 [J]. 当代财经, 2017 (2): 122-131.

[46] 李志军,王善平. 货币政策、信息披露质量与公司债务融资 [J]. 会计研究, 2011 (10): 56-62.

[47] 林晚发,李国平,王海妹,等. 分析师预测与企业债券信用利差——基于2008-2012年中国企业债券数据 [J]. 会计研究, 2013 (8): 69-75.

[48] 林毅夫,李志赟. 政策性负担、道德风险与预算软约束 [J]. 经济研究, 2004 (2): 17-27.

[49] 林毅夫,刘明兴,章奇. 政策性负担与企业的预算软约束: 来自中国的实证研究 [J]. 管理世界, 2004 (8): 81-89.

[50] 蔺元. 我国上市公司产融结合效果分析——基于参股非上市金融机构视角的实证研究 [J]. 南开管理评论, 2010 (5): 153-160.

[51] 刘嫦,袁琳. 会计稳健性经济后果研究 [J]. 财会月刊, 2010 (6): 30-32.

[52] 刘凤委,李琳,薛云奎. 信任、交易成本与商业信用模式 [J]. 经济研究, 2009 (8): 60-72.

[53] 刘凤委,汪扬. 公司治理机制对会计稳健性影响之实证研究 [J]. 上海立信会计学院学报, 2006, 20 (3): 16-22.

[54] 刘文军. 会计稳健性与银行借款合约 [J]. 山西财经大学学报, 2014, 36 (7): 105-113.

[55] 刘星,蒋水全. 银行股权关联、银行业竞争与民营企业融资约束 [J]. 中国管理科学, 2015 (12): 1-10.

[56] 刘星,李宁,张超. 银行竞争、终极控制与债务配置结构 [J]. 会计研究, 2015 (10): 44-50.

[57] 卢现祥,朱巧云. 新制度经济学 [M]. 北京: 北京大学出版社, 2014.

[58] 陆正飞,何捷,窦欢. 谁更过度负债: 国有还是非国有企业? [J].

经济研究，2015（12）：54-67.

[59] 陆正飞，杨德明. 商业信用：替代性融资，还是买方市场？[J]. 管理世界，2011（4）：6-15.

[60] 罗斌元. 非条件稳健性、条件稳健性与企业投资效率[J]. 中南财经政法大学学报，2014（2）：119-127.

[61] 毛新述，戴德明. 会计制度变迁与盈余稳健性：一项理论分析[J]. 会计研究，2008（9）：26-31.

[62] 潘克勤. 实际控制人政治身份降低债权人对会计信息的依赖吗——基于自我约束型治理视角的解释和实证检验[J]. 南开管理评论，2009（5）：38-46.

[63] 钱明，徐光华，沈弋. 社会责任信息披露、会计稳健性与融资约束——基于产权异质性的视角[J]. 会计研究，2016（5）：9-17.

[64] 饶品贵，姜国华. 货币政策波动、银行信贷与会计稳健性[J]. 金融研究，2011（3）：51-71.

[65] 沈艺峰，刘微芳，游家兴. 嵌入性：企业社会资本和企业融资结构——来自我国房地产上市公司的经验证据[J]. 经济管理，2009（5）：109-116.

[66] 盛明泉，张敏，马黎珺，等. 国有产权、预算软约束与资本结构动态调整[J]. 管理世界，2012（3）：151-157.

[67] 施丹. 会计信息在中国公司债交易市场中的有用性[J]. 首都经济贸易大学学报，2012（1）：16-29.

[68] 苏灵，王永海，余明桂. 董事的银行背景、企业特征与债务融资[J]. 管理世界，2011（10）：176-177.

[69] 孙莉儒，薛莹雯. 金融股权关联、会计稳健性与商业信用[J]. 海南大学学报（人文社会科学版），2018（6）：48-56.

[70] 孙铮，李增泉，王景斌. 所有权性质、会计信息与债务契约——来自我国上市公司的经验证据[J]. 管理世界，2006（10）：100-107.

[71] 孙铮，刘凤委，李增泉. 市场化程度、政府干预与企业债务期限结构——来自我国上市公司的经验证据[J]. 经济研究，2005（5）：52-63.

[72] 唐建新，卢剑龙，余明桂. 银行关系、政治联系与民营企业贷款——来自中国民营上市公司的经验证据[J]. 经济评论，2011（3）：51-58.

[73] 唐松，王俊杰，马杨，等. 可抵押资产、社会网络与商业信用[J].

南开管理评论, 2017, 20 (3): 53-64.

[74] 陶晓慧, 柳建华. 会计稳健性、债务期限结构与债权人保护 [J]. 山西财经大学学报, 2010 (4): 93-99.

[75] 陶雄华, 曹松威. 会计信息质量、政治关联与公司债融资成本——基于我国上市公司的证据 [J]. 中南财经大学学报, 2017 (3): 89-96.

[76] 万良勇, 廖明情, 胡璟. 产融结合与企业融资约束——基于上市公司参股银行的实证研究 [J]. 南开管理评论, 2015 (2): 64-72.

[77] 王博森, 施丹. 市场特征下会计信息对债券等价的作用研究 [J]. 会计研究, 2014 (4): 19-26.

[78] 王善平, 李志军. 银行持股、投资效率与公司债务融资 [J]. 金融研究, 2011 (5): 184-192.

[79] 吴晓灵. 中国债券市场的发展与开发 [J]. 中国金融, 2008 (2): 10-12.

[80] 谢平, 陆磊. 金融腐败: 非规范融资行为的交易特征和体制动因 [J]. 经济研究, 2003 (6): 3-13.

[81] 徐虹, 林钟高, 余婷, 等. 内部控制有效性、会计稳健性与商业信用模式 [J]. 审计与经济研究, 2013 (3): 65-73.

[82] 徐玉德, 李挺伟, 洪金明. 制度环境、信息披露质量与银行债务融资约束——来自深市A股上市公司的经验证据 [J]. 财贸经济, 2011 (5): 51-57.

[83] 徐忠. 中国债券市场发展中热点问题及其认识 [J]. 金融研究, 2015 (2): 29-35.

[84] 杨华军. 会计稳健性研究述评 [J]. 会计研究, 2007 (1): 82-86.

[85] 杨兴全, 孙杰. 企业现金持有量影响因素的实证研究——来自我国上市公司的经验数据 [J]. 南开管理评论, 2007, 10 (6): 47-54.

[86] 杨毅, 颜白鹭. 银企关系对制造业中小企业贷款利率的影响研究——来自江苏徐州和广西柳州典型样本的证据 [J]. 经济问题, 2012 (7): 111-114.

[87] 叶康涛, 祝继高. 银根紧缩与信贷资源配置 [J]. 管理世界, 2009 (1): 22-28.

[88] 于富生, 张敏. 信息披露质量与债务成本——来自中国证券市场的经验证据 [J]. 审计与经济研究, 2007 (9): 93-96.

[89] 翟胜宝,张胜,谢露,等. 银行关联与企业风险——基于我国上市公司的经验证据 [J]. 管理世界,2014 (4):53-59.

[90] 张敦力,李琳. 会计稳健性的经济后果研究述评 [J]. 会计研究,2011 (7):19-23.

[91] 张宏亮. 会计稳健性的形成机制及其经济后果:基于契约视角的一项理论分析 [J]. 贵州大学学报,2009 (3):11-15.

[92] 张杰,经朝明,刘东. 商业信贷、关系型借贷与小企业信贷约束:来自江苏的证据 [J]. 世界经济,2007 (3):75-85.

[93] 张杰. 市场化与金融控制的两难困局:解读新一轮国有银行改革的绩效 [J]. 管理世界,2008 (11):13-31.

[94] 张金鑫,王逸. 会计稳健性与公司融资约束——基于两类稳健性视角的研究 [J]. 会计研究,2013 (9):44-50.

[95] 张敏,刘颛,张雯. 关联贷款与商业银行的薪酬契约——基于我国商业银行的经验证据 [J]. 金融研究,2012 (5):108-122.

[96] 张庆亮,孙景同. 我国产融结合有效性的企业绩效分析 [J]. 中国工业经济,2007 (7):96-102.

[97] 张荣武,伍中信. 产权保护、公允价值与会计稳健性 [J]. 会计研究,2010 (1):28-34.

[98] 张胜,张珂源,张敏. 银行关联与企业资本结构动态调整 [J]. 会计研究,2017 (2):49-55.

[99] 张淑英,杨红艳. 会计稳健性选择、资本成本与企业价值 [J]. 宏观经济研究,2014 (1):97-104.

[100] 张维迎. 博弈论与信息经济学 [M]. 上海:格致出版社,2012.

[101] 张亦春,李晚春,彭江. 债权治理对企业投资效率的作用研究——来自中国上市公司的经验证据 [J]. 金融研究,2015 (7):190-203.

[102] 郑军,林钟高,彭琳. 高质量的内部控制能增加商业信用融资吗?——基于货币政策变更视角的检验 [J]. 会计研究,2013 (6):62-68.

[103] 周宏,林晚发,李国平,王海妹. 信息不对称与企业债券信用风险估价——基于2008-2011年中国企业债券数据 [J]. 会计研究,2012 (12):32-38.

[104] 周宏,林晚发,李国平. 信息不确定、信息不对称与债券信用利

差［J］. 统计研究，2014（5）：66 - 72.

［105］周玮，吴联生. 管理层判断对会计稳健性的替代效应［J］. 会计研究，2015（5）：3 - 12.

［106］朱茶芬，李志文. 国家控股对会计稳健性的影响研究［J］. 会计研究，2008（5）：38 - 45.

［107］朱松. 债券市场参与者关注会计信息质量吗［J］. 南开管理评论，2013（3）：16 - 25.

［108］祝继高，韩非池，陆正飞. 产业政策、银行关联与企业债务融资——基于 A 股上市公司的实证研究［J］. 金融研究，2015（3）：176 - 191.

［109］祝继高，陆峣，岳衡. 银行关联董事能有效发挥监督职能吗？——基业产业政策的分析视角［J］. 管理世界，2015（7）：143 - 157.

［110］祝继高，陆正飞. 货币政策、企业成长与现金持有水平变化［J］. 管理世界，2009（3）：152 - 158.

［111］祝继高. 银行与企业交叉持股的理论与依据——基于国际比较的研究［J］. 国际金融研究，2012（2）：58 - 68.

［112］Adams, R. B., Ferreira, D. A Theory of Friendly Boards［J］. The Journal of Finance, 2007, 62（1）：217 - 250.

［113］Agarwal, S., Hauswald, R. Distance and Private Information in Lending［J］. Review of Financial Studies, 2010, 23（7）：2757 - 2788.

［114］Ahmed, A. S., Billings, B. K., Morton, R. M., Stanford Harris, M. The Role of Accounting Conservatism in Mitigating Bondholder – Shareholder Conflicts over Dividend Policy and in Reducing Debt Costs［J］. The Accounting Review, 2002, 77（4）：867 - 891.

［115］Ahmed, A. S., Duellman, S. Accounting Conservatism and Board of Director Characteristics: An empirical analysis［J］. Journal of Accounting & Economics, 2007, 43（2）：411 - 437.

［116］Ahmed, A. S., Neel, M., Wang, D. Does Mandatory Adoption of IFRS Improve Accounting Quality Preliminary Evidence［J］. Contemporary Accounting Research, 2013, 30（4）：1344 - 1372.

［117］Akerlof, G. The market for "Lemons": Quality Uncertainty and the Market Mechanism［J］. Quarterly Journal of Economics, 1970, 84（3）：488 - 500.

[118] Allen, F., Qian, M., Qian, J. Law, Finance, andEconomic Growth in China [J]. Journal of Financial Economics, 2005, 77 (1): 57-116.

[119] Allen, N. B., Hasan, I., Zhou, M. Bank Ownership and Efficiency in China: What will Happen in the World's Largest Nation? [J]. Journal of Banking & Finance, 2009, 33 (1): 113-130.

[120] Amir, E., Guan, Y., Livne, G. Auditor Independence and the Cost of Capital before and after Sarbanes-Oxley: The Case of Newly Issured Public Debt [J]. European Accounting Review, 2010, 19 (4): 633-664.

[121] Armstrong, C. S., Core, J. E., Taylor, D. J., et al. When Does Information Asymmetry Affect the Cost of Capital? [J]. Journal of Accounting Research, 2011, 49 (1): 1-40.

[122] Balachandran, S., Mohanram, P. Is the Decline in the Value Relevance of Accounting Driven by Increased Conservatism? [J]. Review of Accounting Studies, 2011, 16 (2): 272-301.

[123] Ball, R., Shivakumar, L. Earnings Quality in U. K. Private Firms [J]. Journal of Accounting and Economics, 2005, 39: 83-128.

[124] Ball, R., Shivakumar, L. The Role of Accruals in Asymmetrically Timely Gain and Loss Recognition [J]. Journal of Accounting Research, 2006, 44 (2): 207-242.

[125] Basu, S. Discussion of Conditional and Unconditional Conservatism: Concepts and Modeling [J]. Review of Accounting Studies, 2005, 10 (2): 311-321.

[126] Basu, S. The Conservatism Principle and the Asymmetric Timeliness of Earnings [J]. Journal of Accounting and Economics, 1997, 24 (1): 3-37.

[127] Beatty, A., Weber, J., Yu, J. Conservatism and Debt [J]. Journal of Accounting and Economics, 2008, 45 (2-3): 154-174.

[128] Beaver, W. H., Ryan, S. G. Conditional and Unconditional Conservatism: Concepts and Modeling [J]. Review of Accounting Studies, 2005, 10 (2-3): 269-309.

[129] Beng, W. G., Chee, Y. L., Gerald, J. L., et al. Conditional Conservatism and Debt versus Equity Financing [J]. Contemporary Accounting Re-

search, 2017, 34 (1): 216-251.

[130] Berger, A. N., Udell, G. F. The Institutional Memory Hypothesis and the Procyclicality of Bank Lending Behavior [J]. Journal of Financial Intermediation, 2004, 13 (4): 458-495.

[131] Berlin, M., Loeys, J. Bond Covenants and Delegated Monitoring [J]. Journal of Finance, 1988, 43 (2): 397-412.

[132] Bharath, J., Sunder, S. V. Accounting Quality and Debt Contracting [J]. The Accounting Review, 2008, 83 (1): 1-28.

[133] Bharath, S. T., Dahiya, S., Saunders, A., et al. So What Do I Get? The Bank's View of Lending Relationships [J]. Journal of Financial Economics, 2007, 85 (2): 368-419.

[134] Bhattacharya, S., Chisea, G. Proprietary Information, Financial Intermediation and Research Incentives [J]. Journal of Financial Intermediation, 1995, 4 (4): 328-357.

[135] Bhojraj, S., Sengupta, P. Effect of Corporate Governance on Bond Ratings and Yields: The Role of Institutional Investors and Outside Directors [J]. The Journal of Business, 2003, 76 (3): 455-475.

[136] Boot, A. W. A. Relationship Banking: What Do We Know? [J]. Journal of Financial Intermediation, 2000, 9 (1): 7-25.

[137] Booth, J. R., Deli, D. N. On Executives of Financial Institutions as Outside Directors [J]. Journal of Corporate Finance, 1999, 5 (3): 227-250.

[138] Bowen, R. M., Ducharme, L., Shores, D. Stakeholders' Implicit Claims and Accounting Method Choice [J]. Journal of Accounting and Economics, 1995, 20 (3): 255-295.

[139] Brandt, L., Li, H. B. Bank Discrimination in Transition Economics: Ideology, Information or Incentives? [J]. Journal of Comparative Economics, 2003, 31 (3): 387-413.

[140] Burak, A. G., Malmendier, U., Tate, G. Financial Expertise of Directors [J]. Journal of Financial Economics, 2008, 88 (2): 323-354.

[141] Burch, T. R., Nanda, V., Warther, V. Does it Pay to be Loyal? An Empirical Analysis of Underwriting Relationships and Fees [J]. Journal of Financial

Economics, 2005, 77 (3): 673-699.

[142] Burkart, M., Ellingsen, T. In-Kind Finance: A Theory of Trade Credit [J]. American Economic Review, 2004, 94 (3): 569-590.

[143] Byrd, D. T., Mizruchi, M. S. Bankers on the Board and the Debt Ratio of Firms [J]. Journal of Corporate Finance, 2005, 11 (1-2): 129-173.

[144] Campello, M., Giambona, E., Graham, J. R. Access to Liquidity and Corporate Investment in Europe during the Financial Crisis [J]. Review of Financial Studies, 2011, 16 (2): 323-346.

[145] Chan, A. L. C., Lin, S. W. J., Strong, N. Accounting Conservatism and the Cost of Equity Capital: UK Evidence [J]. Managerial Finance, 2009, 35 (4): 325-345.

[146] Charumlind, C., Kali, R., Wiwattanakantang, Y. Connected Lending: Thailand Before the Financial Crisis [J]. Journal of Business, 2006, 79 (1): 181-217.

[147] Chen, H. W., Chen, J. Z. Y., Lobo, G. J., et al. Association between Borrower and Lender State Ownership and Accounting Conservatism [J]. Journal of Accounting Research, 2010, 48 (5): 973-1014.

[148] Chen, L. H., Folsom, D., Paek, W., et al. Accounting Conservatism, Earnings Persistence, and Pricing Multiples on Earnings [J]. Accounting Horizons, 2014, 28 (2): 233-260.

[149] Cook, L. Trade Credit and Bank Finance: Financing Small Firms in Russia [J]. Journal of Business Venturing, 1999, 14 (5): 493-518.

[150] Cull, R., Xu, L. C. Institutions, Ownership and Finance: The Determinants of Profit Reinvestment among Chinese Firms [J]. Journal of Financial Economics, 2005, 77 (1): 117-146.

[151] Cutillas Gomariz, M. F., Sánchez Ballesta, J. P. Financial Reporting Quality, Debt Maturity and Investment Efficiency [J]. Journal of Finance, 2014, 40 (3): 494-506.

[152] Deangelo, H., Roll, R. How Stable Are Corporate Capital Structures? [J]. Journal of Finance, 2015, 70 (1): 373-418.

[153] Defond M. L., Zhang J. Y. The Timeliness of the Bond Market Reaction

to Bad Earnings News [J]. Contemporary Accounting Research, 2011, 31 (3): 911-936.

[154] Denis, D. J., Mihov, V. T. The Choice among Bank Debt, Non-bank Private Debt, and Public Debt: Evidence from New Corporate Borrowings [J]. Journal of Financial Economics, 2003, 70 (1): 3-28.

[155] Dhaliwal, D. S., Khurana, I. K., Pereira, R., et al. Firm Disclosure Policy and the Choice Between Private and Public Debt [J]. Contemporary Accounting Research, 2011, 28 (1): 293-330.

[156] Diamond, D. W. Financial Intermediation and Delegated Monitoring [J]. Review of Economic Studies, 1984, 51 (3): 393-414.

[157] Diamond, D. W. Monitoring and Reputation: The Choice between Bank Loans and Directly Placed Debt [J]. Journal of Political Economy, 1991, 99 (4): 689-721.

[158] Diamond, D. W., Dybvig, P. H. Bank Runs, Deposit Insurance and Liquidity [J]. The Journal of Political Economy, 1983, 91 (3): 401-419.

[159] Dietrich, R., Muller, K., Riedl, E. Using Stock Returns to Determine 'Bad' versus 'Good' News to Examine the Conservatism of Accounting Earnings. Working Paper, Harvard University, 2003.

[160] Dittmann, I., Maug, E., Schneider, C. Bankers on the Boards of German Firms: What They Do, What They Are Worth, and Why They Are (Still) There [J]. Social Science Electronic Publishing, 2010, 14 (1): 35-71.

[161] Downes, D. H., Heinkel, R. Signaling and the Valuation of Unseasoned New Issues [J]. The Journal of Finance, 1982, 37 (1): 1-10.

[162] Drobetz, W., Wanzenried, G. What Determines the Speed of Adjustment to the Target Capital Structure? [J]. Applied Financial Economics, 2006, 16: 941-958.

[163] Duffie, D., Lando, D. Term Structures of Credit Spreads with Incomplete Accounting Information [J]. Journal of the Econometric Society, 2001, 69 (3): 633-664.

[164] Duffie, D., Lando, D. Term Structures of Credit Spreads with Incomplete Accounting Information [J]. Journal of the Econometric Society, 2001, 69

(3): 633-664.

[165] Easley, D., O'Hara, M. Information and the Cost of Capital [J]. Journal of Finance, 2004, 59 (4): 1553-1583.

[166] Elyasiani, E., Guo, L., Tang, L. The Determinants of Debt Maturity at Issuance: A System-Based Model [J]. Review of Quantitative Finance & Accounting, 2002, 19 (4): 351-377.

[167] Espenlaub. S., Khurshed, A., Sitthipongpanich, T. Bank Connections, Corporate Investment and Crisis [J]. Journal of Banking & Finance, 2012, 36 (5): 1336-1353.

[168] Fama, E. What's Different about Banks? [J]. Journal of Monetary Economics, 1985 (15): 29-39.

[169] Fazzari, S. M., Hubbard, R. G., Petersen, B. C. Financing Constraints and Corpoarte Investment [J]. Brookings Papers on Economic Activity, 1988 (1): 141-206.

[170] Ferris, J. S. A Transactions Theory of Trade Credit Use [J]. Quarterly Journal of Economics, 1981, 96 (2): 243-270.

[171] Fields, T. D., Lys, T. Z., Vincent, L. Empirical Research on Accounting Choice [J]. Journal of Accounting and Economics, 2001, 31 (2): 255-307.

[172] Firth, M., Lin, C., Sonia, W., et al. Inside the Black Box: Bank Credit Allocation in China's Private Sector [J]. Journal of Banking and Finance, 2009, 33 (6): 1144-1155.

[173] Fischer, E. O., Heinkel, R., Zechner, J. Dynamic Capital Structure Choice: Theory and Tests [J]. The Journal of Finance, 1989, 44 (1): 19-40.

[174] Fisman, R., Love, I. Trade Credit, Financial Intermediary Development, and Industry Growth [J]. Joumal of Finance, 2003, 58 (1): 353-374.

[175] Fohlin, C. Relationship Banking, Liquidity, Investment in the German Industrialization [J]. Journal of Finance, 1998, 53 (5): 1737-1758.

[176] Gaiotti, E., Generale, A. Does Monetary Policy Have Asymmetric Effects? A Look at the Investment Decisions of Italian Firms [J]. Giornale Degli Economisti E Annali Di Economia, 2002, 61 (1): 29-59.

[177] Gigler, F., Kanodia, C., Sapra, H., et al. Accounting Conserva-

tism and the Efficiency of Debt Contracts [J]. Journal of Accounting Research, 2009, 47 (3): 767 – 797.

[178] Gilson, S. C. Bankruptcy, Boards, Banks, and Blockholders: Evidence on Changes in Corpoarte Ownership and Contorl When Finns Default [J]. Jounral of Financial Economics, 1990, 27 (2): 355 – 387.

[179] Givoly, D., Hayn, C. The Changing Time Series Properties of Earnings, Cash Flows and Accruals: Has Financial Reporting Become More Conservative? [J]. Journal of Accounting and Economics, 2000, 29 (3): 287 – 320.

[180] Givoly, D., Hayn, C., Natarajan, A. Measuring Reporting Conservatism. Working paper, University of California Los Angeles, 2006.

[181] Göx, R. F., Wagenhofer, A. Optimal Impairment Rules [J]. Journal of Accounting and Economics, 2009, 48 (8): 2 – 16.

[182] Granovetter, M. The Impact of Social Structure on Economic Outcome [J]. Journal of Economic Perspectives, 2005, 19 (1): 33 – 50.

[183] Guay, W., Verrecchia, R. Discussion of an Economic Framework for Conservative Accounting and Bushman and Piotroski [J]. Journal of Accounting and Economics, 2006, 42 (1): 149 – 165.

[184] Güner, A. B., Malmendier, U., Geoffrey, T. Financial Expertise of Directors [J]. Journal of Financial Economics, 2008, 88 (5): 323 – 354.

[185] Harris, M., Raviv, A. The Theory of Capital Structure [J]. Journal of Finance, 1991 (4): 1297 – 1355.

[186] Hoshi, T., Kashyap, A., Scharfstein, D. Corporate Structure, Liquidity, and Investment: Evidence from Japanese Industrial Groups [J]. The Quarterly Journal of Economics, 1991, 106 (1): 33 – 60.

[187] Houston, J., James, C. Bank Information Monopolies and the Mix of Private and Public Debt Claims [J]. Journal of Finance, 1996, 51 (5): 1863 – 1889.

[188] Hsu, C., Novoselov, K. E., Wang, R. Does Accounting Conservatism Mitigate the Shortcomings of CEO Overconfidence? [J]. The Accounting Review, 2017, 92 (6): 77 – 101.

[189] Hui, K. W., Klasa, S., Yeung, E. Corporate Suppliers and Customers and Accounting Conservatism [J]. Journal of Accounting Economics, 2012, 53

(1): 115 - 135.

[190] Hui, K., Matsunaga, S., Morse, D. The Impact of Conservatism on Management Earnings Forecasts [J]. Journal of Accounting and Economics, 2009, 47 (3): 192 - 207.

[191] Jaffee, D. M., Russell, T. Imperfect Information, Uncertainty, and Credit Rationing [J]. Quarterly Journal of Economics, 1976, 90 (4): 651 - 666.

[192] Jensen, M., Meckling, W. Theory of Firm: Managerial Behavior, Agency Costs and Ownership Structure [J]. Journal of Financial Economics, 1976 (3): 305 - 360.

[193] Jiang, J. Beating Earnings Benchmarks and the Cost of Debt [J]. Accounting Review, 2008, 83 (2): 377 - 416.

[194] Kaplan, S. N., Minton, B. A. Appointments of Outsiders to Japanese Boards: Determinants and Implications for Managers [J]. Journal of Financial Economics, 1994, 36 (2): 225 - 258.

[195] Kashyap, A. K., Stein, J. C., Wilcox, D. W. Monetary Policy and Credit Conditions: Evidence from the Composition of External Finance [J]. American Economic Review, 1993, 86 (1): 310 - 314.

[196] Kerr, J. N., Ozel, N. B. Earning Announcements, Information Asymmetry, and Timing of Debt Offerings [J]. Accounting Review, 2015, 90 (6): 2375 - 2410.

[197] Khan, M., Watts, R. L. Estimation and Empirical Properties of a Firm-year Measure of Accounting Conservatism [J]. Journal of Accounting and Economics, 2009, 48 (2 - 3): 132 - 150.

[198] Khanna, T., Yafeh, Y. Business Groups in Emerging Markets: Paragons or Parasites? [J]. Journal of Economic Literature, 2007, 45 (2): 331 - 372.

[199] Kornai, J. Resource-Constrained versus Demand-Constrained Systems [J]. Econometrica, 1979, 47 (4): 801 - 819.

[200] Kothari, S., Leone, A., Wasley, C. Performance Matched Discretionary Accrual Measures [J]. Journal of Accounting & Economics, 2005, 39 (1): 163 - 197.

[201] Kreps, D. A. Course in Microeconomic Theory [M]. Princeton Univer-

sity Press, 1990.

[202] Kreps, D., Wilson, R. Reputation and Imperfect Information [J]. Journal of Economic Theory, 1982, 27 (2): 253 – 279.

[203] Kroszner, R. S., Strahan, P. E. Bankers on Boards: Monitorning, Conflicts of Interest, and Lender Liability [J]. Journal of Financial Economics, 2001, 62 (3): 415 – 452.

[204] Laeven, L. Insider Lending and Bank Ownership: The Case of Russia [J]. Journal of Comparative Economics, 2001, 29 (2): 207 – 229.

[205] Lafond, R., Watts, R. The Information Role of Conservative Financial Statements [J]. Accounting Review, 2008, 83: 447 – 479.

[206] Landsman, W. R., Maydew, E. L., Thornock, J. R. The Information Content of Annual Earnings Announcements and Mandatory Adoption of IFRS [J]. Journal of Accounting and Economics, 2012, 53 (1 – 2): 34 – 54.

[207] Leland, H. E., Pyle, D. H. Information Asymmetries, Financial Structure, and Financial Intermediation [J]. The Journal of Finance, 1977, 32 (2): 371 – 387.

[208] Liao, H. H., Chen, T. K., Lu, C. W. Bank Credit Risk and Structural Credit Models: Agency and Information Asymmetry Perspectives [J]. Journal of Banking and Finance, 2009, 33 (8): 1520 – 1530.

[209] Lin, C., Lin, P., Song, F. M., et al. Managerial Incentives, CEO Characteristics and Corporate Innovation in China's Private Sector [J]. Journal of Comparative Economics, 2011, 39 (2): 176 – 190.

[210] Lin, C., Ma, Y., Malatesta, P., et al. Corporate Ownership Structure and Bank Loan Syndicate Structure [J]. Journal of Financial Economics, 2012, 104 (1): 1 – 22.

[211] Lin, C., Ma, Y., Malatesta, P., et al. Corporate Ownership Structure and the Choice between Bank Debt and Public Debt [J]. Journal of Financial Economics, 2013, 109 (2): 517 – 534.

[212] Lin, J. Y., Tan, G. Policy Burdens, Accountability and Soft Budget Constraint [J]. American Economic Review, 1999, 89 (2): 426 – 431.

[213] Lorsch, J., Young, J. Pawns or Potentates: The Reality of America's

Corporate Boards [J]. Academy of Management Executive, 1990, 4 (4): 85 – 87.

[214] Lu Z., Zhu J., Zhang W. Bank Discrimination, Holding Bank Ownership, and Economic Consequences: Evidence From China [J]. Journal of Banking & Finance, 2012, 36 (2): 341 – 354.

[215] Maurer, N., Haber, S. Related Lending and Economic Performance: Evidence from Mexico [J]. The Journal of Economic History, 2007, 67 (3): 551 – 581.

[216] Michael, S. Job Market Signaling [M]. Quarterly Jounal of Economics, 1974 (4): 356 – 374.

[217] Mitchell, K., Walker, M. D. Bankers on boards, Financial Constraints, and Financial Distress. Working paper, 2010.

[218] Moerman, R. The Role of Information Asymmetry and Financial Reporting Quality in Debt Trading: Evidence from the Secondary Loan Market [J]. Journal of Financial Economics, 2008, 46 (2 – 3): 240 – 260.

[219] Mojon, B., Smets, F., Vermeulen, P. Investment and Monetary Policy in the Euro Area [J]. Journal of Banking and Finance, 2002, 26 (11): 2111 – 2129.

[220] Morck, R., Nakamura, M., Shivdasani, A. Banks, Ownership Structure, and Firm Value in Japan [J]. Journal of Business, 2000, 73 (4): 539 – 567.

[221] Morgan, D. P. Bank Commitment Relationships, Cash Flow Constraints, and Liquidity Management. Working Paper, 1999.

[222] Nahapiet, J., Ghoshal, S. Social Capital, Intellectual Capital, and the Organizational Advantage [J]. Academy of Management Review, 1998, 23 (2): 242 – 266.

[223] Nikolaev, V. Debt Covenants and Accounting Conservatism [J]. Journal of Accounting Research, 2010, 48 (1): 137 – 175.

[224] Nilsen, J. H. Trade Credit and the Bank Lending Channel [J]. Journal of Money, Credit, and Banking, 2002, 34 (1): 226 – 253.

[225] Ozkan, A. Determinants of Capital Structure and Adjustment to Long Run Target: Evidence From UK Company Panel Data [J]. Journal of Business Finance & Accounting, 2001, 28 (1 – 2): 175 – 198.

[226] Pae, J., Thornton, D., Welker, M. The Link between Conservatism

and the Price-to-Book Ratio. Contemporary Accounting Research [J]. 2005, 22 (3): 693 – 717.

[227] Peek, E., Cuijpers, R., Buijink, W. F. J. Creditors' and Shareholders' Demand for Accounting Conservatism in Public versus Private Firms: Evidence from Europe, Working paper, Maastricht University, 2006.

[228] Petersen, M. A., Rajan, R. G. The Benefits of Lending Relationships: Evidence from Small Business Data [J]. Journal of Finance, 1994, 49 (1): 3 – 37.

[229] Petersen, M. A., Rajan, R. G. Trade Credit: Theories and Evidence [J]. Review of Financial Studies, 1997, 10 (3): 661 – 691.

[230] Petruska, K. A., Wakil, G. Firm Valuation, Market Responses, and Accounting Conservatism [J]. The Journal of Applied Business Research, 2013, 29 (3): 793 – 808.

[231] Pittman, J. A., Fortin, S. Auditor Choice and the Cost of Debt Capital for Newly Public Firms [J]. Journal of Accounting & Economics, 2004, 37 (1): 113 – 136.

[232] Porta, R. L., Lopezdesilanes, F., Zamarripa, G. Related Lending [J]. The Quarterly Journal of Economics, 2003, 118 (1): 231 – 268.

[233] Putnam, R. D. The Prosperous Community: Social Capital and Public Life [J]. The American Prospect, 1993 (13): 35 – 42.

[234] Rajan, R. G., Zingales, L. Financial Systems, Induatrial Structure, and Crowth [J]. Oxford Review of Economic Policy, 2001 (4): 467 – 482.

[235] Rajan, R. G., Zingales, L. What Do We Know about Capital Structure? Some Evidence from International Data [J]. Journal of Finance, 1995, 50 (5): 1421 – 1460.

[236] Raman, K., Shahrur, H. Relationship-Specific Investment and Earnings Management: Evidence on Corporate Suppliers and Customers [J]. The Accounting Review, 2008, 83 (4): 1041 – 1081.

[237] Ross, S. A. The Determination of Financial Structure: The Incentive Signalling Approach [J]. The Bell Journal of Economics, 1977, 8 (1): 23 – 40.

[238] Sengupta, P. Corporate Disclosure Quality and the Cost of Debt [J]. The Accounting Review, 1998, 73 (4): 459 – 474.

[239] Shleifer, A., Vishny, R. A Survey of Corporate Governance [J]. Journal of Finance, 1997, 52: 737-783.

[240] Sisli-Ciamarra, E. Monitoring by Affiliated Bankers on Board of Directors: Evidence from Corporate Financing Outcomes [J]. Financial Management, 2012, 41 (3): 665-702.

[241] Stiglitz, J. E., Weiss, A. Credit Rationing in Markets with Imperfect Information [J]. American Economic Review, 1981, 71 (3): 393-410.

[242] Stiglitz, J. E., Weiss, A. Credit Rationing in Markets with Imperfect Information [J]. American Economic Review, 1981, 71 (3): 393-410.

[243] Tan, Liang. Creditor Control Rights, State of Nature Verification, and Financial Reporting Conservatism [J]. Journal of Accounting and Economics, 2013, 55 (1): 1-22.

[244] Tirole, J. The Theory of Corporate Finance [M]. Princeton University Press, 2006.

[245] Watts, R. L. Conservatism in Accounting Part I: Explanations and Implications [J]. Accounting Horizons, 2003, 17 (3): 207-221.

[246] Watts, R. L., Zimmerman, J. L. Positive Accounting Theory: A Ten Years Perspective [J]. Accounting Review, 1990, 65 (1): 131-156.

[247] Watts, R. L., Zimmerman, J. L. Towards a Positive Theory of the Determination of Accounting Standards [J]. Accounting Review, 1978, 53 (1): 112-134.

[248] Weinstein, D. E., Yafeh, Y. On the Costs of a Bank-Centered Financial System: Evidence from the Changing Main Bank Relations in Japan [J]. The Journal of Finance, 1998, 53 (2): 635-672.

[249] Wu, W., Firth, M., Rui, O. M. Trust and Provision of Trade Credit [J]. Journal of Banking and Finance, 2014, 39 (2): 146-159.

[250] Yu, F. Accounting Transparency and the Term Structure of Credit Spreads [J]. The Jounal of Finance Economics, 2005, 75 (1): 53-84.

[251] Zhang, J. The Contracting Benefits of Accounting Conservatism to Lenders and Borrowers [J]. Journal of Accounting and Economics, 2008, 45: 27-54.

[252] Zhong, Y., Li, W. Accounting Conservatism: A Literature Review [J]. Australian Accounting Review, 2016 (12): 195-213.

后　记

"凡真实的人生，皆是相遇。"那年的金秋九月，最平凡的我相遇最美好的东财。在这片沃土上，深厚的人文底蕴和闪光的学术精神培育着我。五年艰辛而充实的博士求学时光犹如漏斗中的沙石早已悄然流进昨日，然而每段记忆无论尘封多久，那人那事那景都能用感恩之心重新拾起。

我本是最普通的学生，却相遇最优秀的老师。第一次遇见陈国辉教授的名字是在大学的基础会计教材上，精品教材诠释出老师坚实的学科素养和严谨的治学态度，开启我探索会计学专业学习征程的激情，并且发自肺腑的崇敬之意油然而生。何其荣幸，在博士求索之路拜入导师的门下，正圆桃李年华追寻学术偶像的梦想。导师是辛勤的播种者，用渊博的专业学识浇灌我，用宽广的学术视野滋润我，生根发芽，落地开花。导师常吝于言敏于行，寥寥数语却总能醍醐灌顶，受益匪浅。导师不仅向我传授"为学之道"，更教会我"为人之本"。诲人不倦的高尚师德，宽以待人的崇高风范，平易近人的人格魅力让我铭记于心，终生受用。博士论文从选题构思、框架结构、内容修改和最终定稿，每一环节都凝结着导师的心血。此时任何言语都无法负荷内心那无限的感激与感动，唯有将这份温暖在我今后的教学生涯中继续传递，才是对导师最为真切与真实的回报。

滴水石穿非一日之功，感谢博士求学期间为我授课解惑的孙光国教授、方红星教授、刘淑莲教授、陈艳利教授、刘永泽教授和万寿义教授。始终践行"授人以鱼，不如授之以渔"的原则，以扎实雄厚的功底展现学者本色与大家风范，登上学术金字塔成为指点迷津的引路人。同时，感谢姜英兵教授、常丽教授、刘行教授、刘凌冰教授、张晓东副教授、刘媛媛副教授对我论文提出宝贵的修改意见，老师无私的教诲犹如春风化雨，润物无声。在此，谨向老师表达我最崇高的敬意和最诚挚的感谢。

我本是最普通的孩子，却相遇最优秀的家人。感恩父母，用最长情的陪伴

后 记

浇筑我的人生广厦。时光雕刻的容颜记载着父母陪伴我走过的漫长而艰辛的岁月，感恩父母对我生命的赐予以及无私伟大的养育。博士学习生活仿佛浩瀚无际的大海，我犹如在风雨中飘摇的一叶扁舟，对岸可望而不可即，甚至失去方向感，而父母的爱正是把控方向的罗盘针，让这颗躁动不安的心有了虔敬的归依。在我懵懂时，用振聋发聩的棒喝让我警醒；在我迷失时，用循循善诱的教诲抹去我心头的尘埃；在我痛苦时，用精神力量让我的心底始终拥有支撑。感恩外公外婆，用无尽的爱让我的生命充满色彩。绿色的记忆中，观望滚滚滔滔的鸭绿江江水，外公指引我以坚毅豁达的姿态对待生命之河，川流不息，奋斗不止；红色的记忆中，看旭日东升，外婆教导我牢记好好学习，天天向上，成为明日骄阳。从汤饼之期到而立之年，外公外婆一直把我捧在手掌心，进行无微不至的哺育和呵护。愿岁月静好，时光不老，我陪你们慢慢走。

感谢丈夫，用坚实的臂膀做我坚强的后盾。相守是一种默契亦是一份付出，无怨无悔为伴侣付出是最动人的情歌。在我失意时，给我鼓励；在我失落时，给我支持，感谢一路走来的相濡以沫，让我在人生这一求学驿站中倍感温馨。感谢堂哥，用榜样的力量促我成长。积累知识在于勤，学问渊博在于恒，哥哥以最直接的行动熏陶着我，在我陷于低谷之时，给予我砥砺前行的勇气和动力。

我本是最普通的学生，却相遇最优秀的同窗。感谢我的室友梁婉君、张卓和张一进，共驾友谊之车，在学习道路中披荆斩棘，勇往直前。感谢我的同学田园、陈娇娇、桑凌、吴世飞、于洪鉴等对我的学习帮助与生活鼓励，真诚的友情犹如银河中的星星，群星闪耀，异彩纷呈。

我本是最普通的教师，却相遇最优秀的同事。感谢我的同事，用会计人的"工匠精神"鞭策我前进。教师是春风，是春蚕，是化作护花的春泥。参天大树的根，深扎在芬芳的泥土；最美教师的根，深扎在学生的心田。作为新时代的青年教师，我是追梦者，也是圆梦人。追梦需要激情和理想，圆梦需要奋斗和奉献。

路漫漫其修远兮，吾将上下而求索。博士学习生活即将落下帷幕，而人生乐章才刚刚奏响。惟愿走出半生，归来仍是少年。

孙莉儒

2021 年 5 月